Précédentes publications :

Alessandra, Nadejda, Sabrina. Ed. BoD, 2010
Pour Elle. Poèmes et autres textes. Ed. BoD, 2012
Mobilités. Etude comparative (Camus, Th. Gautier, L.F. Céline). Ed. BoD, 2014
Présence culturelle roumaine dans le Sud-Ouest aux XIXe et XXe siècles. Ed. BoD, 2016
Le défi artistique. Ed. BoD, 2020
Ecrire, un vrai plaisir ! Ed. BoD, 2021
Oser la sagesse. Ed. BoD. 2024

VOULOIR SE CONNAITRE

Jean-Luc Netter

VOULOIR SE CONNAITRE

la philosophie et l'astrologie
au service du Bien-Etre

A tous les hommes échoit de se connaître
eux-mêmes et d'avoir l'esprit clair.

Héraclite d'Ephèse

AVANT PROPOS

Il me semble particulièrement intéressant de se pencher actuellement davantage encore sur une notion autre que celles de l'estime, de la confiance ou de l'amour de soi : celle de la connaissance de Soi. C'est en rédigeant mon dernier ouvrage relatif à la sagesse (*Oser la sagesse*) que j'ai dû aborder cette notion (au centre de la pensée des Socratiques) qui accompagne la quête de sens, du mieux-être, la recherche de bonheur (en étant auteur de sa vie). Aristote disait que le bonheur était procuré par l'activité de la raison découvrant et contemplant la vérité. Il ne s'oppose pas à la raison, il en est la finalité naturelle. Cette conception du bonheur est issue d'une doctrine philosophique appelée l'eudémonisme (qui se rapproche de la félicité de Baruch Spinoza). Il vient dépasser l'humain, et par l'oeuvre de la sagesse et de la vertu, il se différencie de l'hédonisme, doctrine qui fixe la recherche du plaisir (et non du bonheur) et l'évitement de la souffrance comme but de la vie.

Se connaitre soi-même est le principe de toute sagesse, de tout chemin d'éveil. La connaissance de soi vient en réponse à la quête de l'âme qui cherche à se frayer un chemin parmi le vécu de toutes nos expériences de vie. Bien se connaître, oser se connaître, apprendre à se découvrir semble être une aptitude comportementale que l'on avoue souvent maîtriser. Cependant, il est bien rare que cette connaissance soit réellement affinée si l'on ne s'est pas suffisament engagé, en pure conscience, dans une ou des actions qui permettent de l'approfondir.

Ainsi, cet ouvrage reste le prolongement naturel de l'essai précédent, consacré à la sagesse ; sagesse qui permet une prise de recul sur les événements qui bousculent la personne, d'exercer un bon jugement, de mieux écouter les Autres et qui reste source de modération. Pour s'engager dans la quête de cet état (de sagesse), la connaissance de soi est un des prérequis nécessaires qu'il convient d'installer. Dès lors, elle devient la clé du Chemin vers cette sagesse, vers une libération, vers une délivrance pour atteindre un Soi authentique.

S'observer, s'apercevoir comment nous réagissons, comprendre le fonctionnement de son être oblige à mener un travail d'observation de soi (à partir de soi) pour s'améliorer, apprendre de ses expériences, grandir en conscience, se rapprocher d'un état de bonheur et enfin, apporter à notre vie du Sens. Parvenir certes à se connaître mais quel chemin emprunter ? Celui de la philosophie (au cœur d'un mode de vie, d'un vécu expérimenté où les actes divers et les leçons qui en découlent viennent participer avec lucidité à l'élaboration de la connaissance de soi) ? Ou celui de l'astrologie (un apport théorique à partir du thème natal pourra être le déclencheur de révélations sur soi qu'il faudra dès lors faire éclore) se proposent de vous aider à y voir clair ? Une philosophie de la sagesse et une philosophie de l'astrologie pourraient ainsi se voir proposés à tous ceux qui tentent l'expérience de la découverte et de la connaissance de soi. Les Upanishad (ensemble de textes philosophiques qui forment la base théorique de la religion hindoue) proclament que la délivrance (moksha) de la souffrance passe par la Connaissance (jñāna en sanskrit védique), par la destruction de l'ignorance. L'enseignement du célèbre Sage Ramana Maharshi (Jñāna-yogin autrement dit Pratiquant du yoga de la Connaisssance) était essentiellement centré sur la notion du Soi, celle du *Qui suis-je ?,* de la connaissance individuelle et de l'introspection. Ainsi, c'est toujours elle (la Connaissance de soi), en lien avec un domaine ou un autre de la vie, qui permet d'accéder à une ouverture d'esprit (de la conscience), qui viendra apaiser l'Homme, en diminuant les propres inquiétudes qu'il rencontrera tout au long de sa vie.

1

L'ACCES AU BONHEUR
Mythe ou réalité ?

La joie est une puissance ; cultivez-là.
Le Dalai Lama

La connaissance (et la découverte) de soi devient peu à peu nécessaire dès lors que l'on avance en âge, que l'on doit se confronter à diverses problématiques, que l'on porte une attention soutenue à nos ressentis afin de diriger un regard éclairé sur les traits de notre personnalité. Regarder ses insuffisances afin de pouvoir les corriger, de se délivrer de certaines servitudes, d'accéder à davantage de plénitude, d'abondance notamment spirituelle, de joie, relève de l'hygiène de vie que toute personne devrait s'accorder. Cependant, il n'y a aucune injonction volontaire au sein de ce constat, de cet essai ; il s'agit également d'accepter quiconque dans sa démarche personnelle même si l'impossibilité de vouloir se connaître se présente.

L'accès au bonheur est exigeant. Il ne nous est pas livré à notre naissance, une bonne fois pour toutes. Il s'acquiert, se révèle à la suite de l'emprunt d'une voie, celle de l'accomplissement de soi, fondée à partir d'une culture de l'introspection. Découvrir et explorer sa puissance vitale unique exige d'amener un éclairage sur qui nous sommes, sur comment l'on se comporte. Se connaître peut devenir l'*objet* principal de sa propre vie, celui que l'on chérit, vénère, cajole. Il est possible de regarder en face ses propres insuffisances du fait que nous portons en nous la capacité de les corriger. Parce que nous pouvons nous aider nous-mêmes, alors nous avons aussi le droit de nous considérer tels que nous sommes, d'être et d'aimer qui l'on est. Ainsi, en se choisissant, on devient moins dépendant de l'opinion d'autrui, on devient plus libre, on se libère d'un asservissement. Cet espace de liberté se mettra en place suite à l'introspection et aux actions vertueuses qui s'en suivront.

Qui n'aspire pas au bonheur ? Qui ne souhaite pas trouver en lui un apaisement, un Bien-être, un état de joie ? On souhaite tous se rapprocher d'un état qui pourrait s'accompagner du qualificatif heureux. Nous cherchons en permanence le bonheur, l'état dans lequel nous pourrions nous réjouir à volonté. Mais nous le cherchons en nous projetant dans le monde extérieur alors que son origine s'inscrit principalement en nous, dans cette satisfaction profonde que nous pouvons avoir à partir de plaisirs et de joies ordinaires de la vie, élaborées par *nos* actions. Cette joie est en nous, depuis toujours. Cependant, nous l'avons étouffée avec la toute puissance de l'Ego, du mental, au fil des ans. Un faux moi s'est installé, bien loin de notre profonde personnalité originelle. On en a perdu cette simplicité de la vie, en définitive. On a chacun certes sa définition du bonheur mais peu d'êtres humains envisagent réellement une manière d'accéder à cet état. Il y a des efforts à consentir ; tout comme pour obtenir quoi que ce soit qui se trouve encore à l'état de désir. Pour s'affranchir, pour se libérer de ce qui empêche toute plénitude de s'installer, il faut travailler ; travailler sur soi, franchir des paliers qui mènent à une autolibération nécessaire. De manière générale, la première étape du parcours à accomplir consiste à se découvrir, à procéder à une *Connaissance de Soi* authentique. Attendre que la vie, par miracle, nous installe dans un état de contentement proche de la sérénité, relève de l'illusion. Il y a et il y aura toujours un travail conséquent à mener, sur Soi, afin de se bonifier. Et c'est bien là une chance ! Apprendre à se connaître devient le début d'une quête du bien-être et de développement de soi. Cette démarche permet de mieux appréhender sa place dans le monde, de donner du sens à ses pensées, à ses actes. Prendre conscience de qui nous sommes permet de mieux s'accepter, de découvrir sa propre essence, de mieux conduire, en conscience, sa propre vie. Il s'agit ainsi de mettre en place une philosophie du bonheur qui va trouver sa source dans un affranchissement des conditionnements.

Il existe quelque chose de plus grand que le bonheur (ou le malheur), c'est le Sens avait écrit Wayne Walter Dyer, écrivain américain, dans son ouvrage *The shift*. Il est certain que la perte de sens de sa propre existence et/ou des événements qui surviennent au cours de la vie peuvent participer à l'installation d'une souffrance que l'humain peut endosser malgré lui. Ainsi, ce Sens devient-il le premier élément qu'il convient de prendre en compte, au-delà de la notion de bonheur. Sens de votre vie mais également et surtout peut-être, sens des épreuves qui sont praversées lors d'un parcours de purification. Ce virage vers le Sens (dans la vie quotidienne, permettant, entre autres, de délaisser les attachements inutiles, le faux Soi...) évoqué par W.Walter Dyer reste essentiel. C'est lui qui sera la clé de voûte de l'entreprise destinée à construire une connaissance de soi, une compréhension du travail à entreprendre, à poursuivre sans cesse, pour conforter notre autonomie.

2

DE LA SOUFFRANCE A LA REALISATION DE SOI

*Chaque pas vers l'intérieur
est un bond vers la liberté.
Ramana Maharshi*

Il est sans doute paradoxal d'admettre que c'est à partir d'un état de souffrance que l'humain peut envisager de s'engager vers une quête de Mieux-être. Sans elle, il continuerait son chemin habituel, à l'écart de toute évolution de conscience, de toute dépassement de soi, de tout travail personnel sur sa vie (intérieure) qui peut parfois sembler stagner. Cet état de souffrance, sorte de point de départ de toute initiative dédiée à se rapprocher d'un Mieux-être, trouve son origine dans des désirs exprimés mais non satisafaits par les conditions de vie de la personne. Il y a comme un blocage qui empêche toute réalisation souhaitée. Dès lors, cette frustration va engendrer de multiples déceptions. Une compréhension des événements et de soi-même permet d'engager, d'enclencher une attitude, un comportement nouveau, adapté, afin d'une part de se libérer de ce qui fait souffrir (en acceptant ce qui est, en se détachant de l'obsession d'une résolution allant dans son sens), d'autre part, en orientant ses désirs vers d'autres buts plus accessibles, en faisant preuve de sagesse afin de moins souffrir du manque correspondant aux souhaits non exhaussés. Ce travail intérieur n'est pas des plus faciles, inutile de le préciser davantage. Néanmoins, il est payant à la longue. Le fait de mobiliser une capacité de non-contrôle, d'acceptation permet déjà d'apaiser l'âme et la corps de la personne. C'est donc la souffrance qui va permettre (avec l'apport de la conscience éveillée) de s'engager vers un Chemin spirituel favorisant la guérison, d'orienter les pensées et les désirs vers d'autres buts. On peut se sentir non soutenu par l'existence, par l'extérieurà soi. Et dès lors, vivre des moments de douleur. C'est bien là que l'introspection guidée permet de transmuter la souffrance en espérance puis en rebond. Car si ces désirs ne parviennent pas à être comblés, satisfaits, il est bien clair que la voie semble se situer ailleurs pour la personne et qu'il faut donc la trouver au fond de soi. Des états méditatifs permettent aussi d'apaiser ce mental qui a tendance à rester centré, cristalisé sur ce qu'il veut posséder, contrôler.

Toutes les voies spirituelles, de développement de Soi et de sa propre conscience empruntées ont pour but de nous rendre plus libres et plus heureux. Ainsi, qu'elles soient thérapeutiques, artistiques, religieuses ou philosophiques, elles ont toujours pour finalité de nous faire du bien. Eles éveillent en nous un soupçon de joie qui ira en grandissant.

La connaissance de la réalité tout comme celle du soi permet d'éradiquer la souffrance. La connaissance devient transcendance et permet d'accéder à la libération des liens de servitude. L'ignorance est superficielle. Il s'agit de trouver le lien avec notre vraie nature. Il s'agit d'observer son esprit. Parvenir à se connaître permet de trouver un sens à sa vie, de se situer dans le vaste monde, d'accéder à un éveil spirituel qui propulse vers la santé de l'âme. La connaissance de soi faut-il le rappeler est le principe de toute sagesse.

3

COMMENT PARVENIR AU BUT ?

> *La science la plus nécessaire*
> *à la vie humaine c'est de se connaître*
> *soi-même.*
>
> Bossuet

Le but, c'est bien celui d'accéder à sa propre identité ; elle se situe au-delà de la personnalité. C'est ainsi, dans cette approche sigulière, que la connaissance de soi trouve sa place, au cœur d'une démarche ciblée sur la quête de sagesse, sur la possibilité d'accéder à l'idée que l'on se fait du bonheur, à sa propre libération. En ce sens, elle vient trouver une place au coeur d'une approche philosophique, sorte de philothérapie, qui permet de comprendre le monde, la réalité de l'existence humaine, de son rapport à la Nature.

Avec la philosophie, il s'agit de conduire une explication, de mener des questionnements sur le sens profond de l'existence à partir de l'étude des conditions de vie de la population, dans un but unique, celui de mieux exister sur cette Terre. La philosophie est somme toute une médecine de l'âme. Elle peut se voir comme consolatrice. Mais elle doit d'abord conduire à une réflexion sur soi-même, sur ses propres opinions. Puis sur le monde, sur ce qui vient structurer sa possibilité d'être, de croître, d'espérer. Philosopher, c'est entreprendre une quête de sens, c'est avant tout interroger l'humain, sa condition, sa possibilité d'être heureux. Pour Sénèque, la philosophie est une thérapie : philosopher rend heureux. Interroger l'humain, s'interroger soi-même, connaître sa propre essence spirituelle, c'est vouloir s'atteler à un travail de connaissance, de découverte sur ses potentiels, ses affects. Ainsi, la connaissance de soi fait donc partie intégrante de l'acte de philosopher, de la quête de sagesse qui devient le but ultime. *Philosopher c'est se comporter vis-à-vis de l'univers comme si rien n'allait de soi,* disait Vladimir Jankélévitch. Philosopher c'est vouloir se rapprocher de la notion de mieux-être, de libération de soi. C'est par le détachement, l'acquiescement à la vie qu'elle se présente que débute la sensation d'être davantage en phase avec une certaine forme de sérénité.

Par ailleurs, une seconde voie (parmi cependant bien d'autres) pour parvenir au but vient s'offrir à celui qui veut se connaître : l'astrologie, l'astro-psychologie (cette dernière est une déclinaison de l'astrologie traditionnelle ; elle se constitue à partir de l'association de ce type d'astrologie avec des connaissances en psychologie notammment celles qui proviennent des théories de Carl Jung et de S. Freud). Cette discipline pour certains n'est pas une source de fiabilité dans le cadre de la connaissance de soi. Pour d'autres, a contrario, elle permet d'approcher au plus près notre unicité. Elle part certes de principes généraux et communs mais elle est capable de montrer comment ces principes se spécialisent et s'articulent finement pour chacun d'entre nous ; elle étudie la subjectivité d'une Personne, subjectivité qui témoigne de la présence de sa vie dans l'univers et qui fait qu'elle est pleinement singulière. Parvenir à découvrir sa subjectivité, c'est acquérir le pouvoir d'en sortir plus librement ; c'est également mieux se connaître et reconnaître que l'Autre est différent. Chaque représentation graphique du moment de la naissance est unique et mène à la connaissance de soi ; elle se lit, s'interprète à la suite d'une analyse approfondie et nuancée. Elle représente un miroir de qui nous sommes. Elle contribue donc à notre souhait de nous connaître. L'astro-psychologie est un outil qui participe dès lors à la connaissance de soi. Quant à l'astro-thérapie, celle-ci se présente comme un accompagnement thérapeutique qui utilise l'astrologie comme outil.

Sur le thème de la connaissance de soi mais aussi de la quête du Bien-être et du bonheur, le contenu de ce livre propose de faire côtoyer deux notions souvent antinomiques mais à partir desquelles il est possible de créer un équilibre : d'une part, celle de la raison (qui structure la philosophie, la sagesse), de la rationnalité ; d'autre part, celle de l'irrationnel (qui habite entre autres l'astrologie et qui nourrit une part de la psyché humaine). D'un mode de vie qui exige de la part de l'individu de porter une attention particulière à la découverte de sa propre valeur (grâce à l'introspection), nous glissons vers la présentation d'un outil (le thème astral) non-conventionnel, qui vient révèler sa personnalité mais également ses potentialités, une part importante de ses fonctionnements mentaux, de ses émotions et surtout de ses blessures. Il s'agit donc de réfléchir puis de présenter différents moyens de découvrir peu à peu qui nous sommes. C'est à chacun d'emprunter la voie qui lui convient le mieux, en fonction de paramètres personnels, de convictions ou de croyances intimes.

4

LA CONNAISSANCE DE SOI

Connaître les autres, c'est Sagesse.
Se connaître soi-même, c'est Sagesse supérieure.
Lao Tseu

Connais-toi toi-même. Il ne s'agit pas de comprendre cette injonction hors du contexte de vie dans lequel elle fut écrite. Une véritable introspection, menée pour s'identifier et découvrir son véritable Moi - avec des techniques comme la psychanalyse - n'était sans doute pas incluse dans la démarche qui accompagnait l'esprit de la devise inscrite au frontispice du temple de Delphes, reprise par Socrate. Nous devons sans doute la considérer comme la consolidation du socle d'une connaissance de soi (destinée à trouver sa place d'humain au sein du vaste Cosmos) mais aussi comme l'objet d'un savoir plus élargi à acquérir pour le citoyen de l'époque, au sein d'une Cité philosophiquement et religieusement reconnue.

A présent, il nous faut naviguer entre la connaissance de soi au sens socratique ou philosophique du terme et la connaissance de soi au sens moderne, où le soi désigne ce qu'on va appeler la subjectivité, le personnel. Ainsi, pour Socrate, il s'agissait d'une connaissance de sa place dans l'univers, de la *mesure* de l'Homme (cette petite partie de l'univers), d'un affranchissement à réaliser envers tous les types de spéculations théologiques, idéologiques, le tout guidé par l'exercice de la Raison. Ainsi, pour devenir un bon citoyen, on avait tout avantage à se connaître. Le simple fait de s'interroger sur soi peut ainsi nos rendre meilleur, avec nous-même et avec les autres. *Il faut apprendre à se connaître soi-même afin de ne pas empiéter sur le terrain d'autrui,* a écrit le philosophe anglais Thomas Hobbes, influencé par Descartes.

Le concept de connaissance de soi se range du côté de la sagesse, de la philosophie mais également de celui du développement personnel. L'individu développe la capacité de se voir de manière claire et lucide. Avec les éventuelles aides qui peuvent contribuer à cette réalisation. Cependant, il reste à la fois le Sujet qui doit se connaître et l'Objet à connaître. Ainsi, la personne se retrouve à la fois juge et partie. Dès lors, c'est bien sa conscience qui doit l'aider à se prendre elle-même comme un objet de connaissance, au même titre que tout autre extérieur à elle.

La notion de connaissance de soi, de devenir soi n'est pas enseignée. Des compétences transversales ou transverses sont abordées en classe terminale ou en première de lycée qui participent à l'instauration de connaissances menées personnellement. La plupart des connaissances délivrées portent sur des concepts qui concernent la vie extérieure du lycéen ; rien sur le soi à proprement parlé. Au sein du cursus universitaire de psychologie, il en est de même. Le soi n'est pas sollicité ou l'est de manière théorisée ; il reste souvent observé comme objet d'étude non comme élément vivant de l'individu.
Ainsi, la connaissance de soi (qui constitue la base de notre rapport au monde, aux autres dans le cadre du *Vivre ensemble*, à soi) peut s'intégrer au sein d'un mode de vie que l'on souhaite prioriser, au cœur d'une manière d'exister, en vue d'acquérir une sensation de mieux-être qui semble manquer jusqu'alors. Mais elle peut également se voir proposée, révélée grâce à un outil (le thème astral), sans pour cela être totalement reconnue par la personne concernée ; elle devra valider les informations qui lui auront été délivrées grâce à un travail personnel sur sa propre identité. La connaissance de soi se propose d'émerger à partir d'une quête de sens, d'un désir d'être heureux, de vouloir adopter une manière de vivre qui puisse

engendrer une béatitude, une libération des servitudes, ainsi que l'indiquait Baruch Spinoza. Elle nous pousse à nous interroger par le biais de la raison, à entrprendre un travail introspectif afin de développer une certaine forme de sagesse en lui, qui permettra de mieux appréhender les divers épreuves que la vie lui présentera nécessairement. Un dialogue entre soi et son âme pourra constituer une maïeutique qui conduira l'individu vers plus de conscience concernant son existence au coeur du cosmos.

   La connaissance de soi va au-delà du simple fait de découvrir qui nous sommes. Elle dépasse l'aspect cognitif que l'on pourrait lui attribuer hâtivement. Elle permet, elle valide une Existence, elle est la clé qui permet d'ouvrir la porte qui conduit vers un Chemin de libération, celui qui concerne la libération de l'âme, dans le but de lui allouer sa véritable identité. Pour la plupart d'entre nous, l'âme a tendance à rester emprisonnée par les conditionnements, ce qui ne permet donc pas à la personne de s'épanouir. L'âme représente le siège de l'activité psychique, des états de conscience, l'ensemble des dispositions morales, intellectuelles, affectives. Elle est le principe spirituel (la substance diront certains philosophes) de l'être, sa propre et véritable esssence originelle. Elle vient définir une identité spécifique. Elle peut se voir blessée lors de notre arrivée au monde ; elle tentera de (se) manifester, de montrer ses blessures de manière symbolique à la personne afin qu'elle la considère le plus noblement possible. La connaissance de soi, l'apport de certains outils peuvent mettre des mots, du sens, sur ce qui est encore souffrance et demande par la suite à guérir.

Enfin, se connaître n'est pas équivalent à un acquis qui serait définitif. Nous sommes en perpétuelle évolution, sur tous les plans. Ainsi, la connaissance de soi ne se cantonne pas à savoir qui nous sommes, comment nous fonctionnons envers nos pairs, comment nous réagissons à telle ou telle situation inattendue ou non. Elle exige une attention particulière tout au long de sa vie. Nous avons certes un profil spécifique qui s'est dessiné au fur et à mesure d'une maturité physique et neuronale. Néanmoins, celui-ci s'enrichit au fil du temps et modifie notre identité. Il est nécessaire donc de prendre le temps de constater les modifications qui s'opèrent au sein de notre personnalité, de nos potentialités. Des composantes de notre personnalité, en sommeil depuis des décennies, peuvent surgir ainsi à un âge avancé et nous donner l'impression que nous sommes une autre Personne. En fait, cette découverte nouvelle de soi correspond à notre Soi profond, qui émerge soudainement mais qui était en nous, en puissance, potentiellement. Ainsi, on se découvre, on en vient à connaître son Soi du moment. Il vient s'ajuster à notre vie habituelle. Il est nécessaire de l'approcher, de l'apprivoiser, de mieux nous (re)connaître, en de pareilles circonstances. La connaissance de son Soi n'est jamais figée ; elle est éternellement révisable. Nous verrons plus loin que l'astrologie, avec ses différentes options, permet d'actualiser toutes les informations qui concernent une personne notamment celles qui sont reliées à son évolution singulière, spécifique, quasi unique.

5

LA CONSCIENCE DE SOI

*La conscience est la première
étincelle de la transformation.*
Eckhart Tolle

La connaissance de soi (s'apparentant à une pure démarche cognitive), de ses potentialités, de ses affects vient convoquer la notion de conscience de soi. Celle-ci se présente comme une modalité nouvelle du savoir sur soi. Elle signe le moment d'une prise de conscience de la part d'une personne concernant son identité de soi à elle, d'elle à soi. Cette conscience de soi s'affirme comme une expérience plus immédiate, fugitive, momentanée ; la connaissance de soi, quant à elle, vient signer une compréhension plus durable, introspective par ailleurs, de qui nous sommes. D'emblée, nous pouvons constater qu'une équivalence entre les deux notions semble peu concevable. Cependant, de nombreux Penseurs tentent de les rapprocher de manière intime.

La conscience de soi semble être une condition nécessaire à la connaissance de soi ; mais pas une condition suffisante. *La conscience de soi fonde cette possibilité de se savoir une seule et même personne tout au long de sa propre vie*, nous dit le philosophe John Locke (1632-1704). Selon lui, c'est la conscience qui fait l'unité de la personne. La conscience peut dès lors se voir comme une forme immédiate de connaissance mais est-elle une véritable et authentique connaissance ? Suffit-il réellement de percevoir la représentation de soi-même pour prétendre avoir accès à une véritable connaissance de soi ?

La notion de connaissance renvoie à l'idée d'un savoir en lien avec une exigence de lucidité et d'objectivité ; mais également à celle d'un effort d'intelligibilité. Connaître consiste à rendre raison des choses découvertes par l'intelligence, par un travail de recherche. De quelle manière cet acte est-il rattaché à la conscience de soi ? En fait, la notion de conscience de soi se rapproche de celle de la connaissance de soi : par le fait qu'elle se positionne comme une connaissance de soi-même et *immédiate* du monde environnant. Immédiate et en perpétuelle construction puisque l'identité d'une personne n'est pas fixée une fois pour toutes. Se connaître revient à convoquer sa conscience au-delà cette fois de l'immédiateté. Pour clore ce sous-chapitre, citons Simone Manon, professeur de philosophie : elle précise que *la conscience de soi n'est pas spontanément une connaissance de soi ; il faut pour prétendre à une connaissance s'affranchir de tout ce qui aveugle car la lucidité reste une conquête.* L'adverbe spontanément fait ici toute la différence.

Evoquer dès lors la conscience de soi renvoie inévitablement à évoquer la vie intérieure. Lorsque j'entre en moi-même, je fais la connaissance d'un univers qui peut paraître hostile, ou le non-moi des autres - qui pouvait me protéger - est désormais absent. Tout ce que je pouvais repousser comme négativité ou conduites d'échec m'est alors renvoyé. Il s'agit dès lors d'accéder à cette coupure des autres pour accéder à ce je ; on devine le prix à payer pour y parvenir, la solitude par laquelle on doit passer pour se différencier d'autrui. Avoir conscience de soi, avoir une personnalité, c'est se savoir et se sentir distinct des autres êtres ; et on arrive à sentir cette distinction que par le choc ou bien la douleur plus ou moins importante, par la sensation de sa propre limite. C'est ainsi que fonctionne l'espace/temps dans lequel nous évoluons ; les opérations destinées à ouvrir l'esprit et la conscience ne sont pas généralement en lien avec le plaisir, la jouissance, le contentement ou la satisfaction. Savoir et sentir jusqu'où je suis c'est savoir où je cesse d'être à partir d'où je ne suis plus. Et comment *revenir sur soi, acquérir la conscience de soi, réfléchie,* sinon *par la douleur d'une rupture, d'un deuil ou autre événement qui oblige* et conduit *à un recentrage* avait écrit Miguel Unamuno, philosophe espagnol dans son ouvrage *Le sentiment tragique de la vie*, paru en 1917. Pour lui, le point de départ de tout système philosophique est le sentiment et spécialement le sentiment tragique de la vie bien plus que la raison.

6

POURQUOI SE CONNAITRE ?

Apprendre à se connaître est le premier des soins qu'impose à tout mortel la sagesse suprême.
Jean de La Fontaine

Se connaître peut correspondre à une hygiène de vie nécessaire pour habiter son corps, son âme. Si la philosophie ou la psychanalyse ou bien encore l'astrologie se sont emparées du concept dans le but d'offrir à l'homme la possibilité de mieux vivre son intégration sprituelle et également corporelle, une personne - animée par la recherche personnelle d'un mieux-être - peut à elle seule, s'emparer de la notion et en faire un objectif à poursuivre.

Une observation minutieuse de soi afin de

prendre conscience de qui on est et du monde qui nous entoure paraît utile au premier abord. La démarche philosophique soutient cette attitude introspective nourrit à la fois par la conscience et par la raison. En effet, la philosophie s'intéresse au bonheur de la Personne, à son essence, à sa destinée. Elle éclaire le Chemin de l'Homme ; elle se veut être une clé pour accéder à la liberté (de soi, de son âme, de sa conscience))

Mais cependant, pourquoi vouloir se connaître ? Spinoza évoquait déjà cette thématique en stipulant qu'une connaissance (de soi et de ce qui nous détermine) appropriée de ses propres émotions permettait de mieux conduire sa vie, son existence, à se libérer des servitudes qui entravent notre toute relative liberté. La connaissance de soi se voyait déjà comme une avancée vers la sagesse, vers sa quête. Il s'agit en premier lieu d'admettre qu'en matière de connaissance de soi, nous sommes assez ignorants et de faire preuve d'humilité. Il est essentiel de ne pas se complaire dans l'illusion de se connaître et de mieux se connaître que quiconque. Bien se connaître, c'est ne plus ignorer les ressources qui sont à l'intérieur de soi, ses propres limites aussi.

Se connaître est l'un des fondements à l'aspiration au bonheur, à l'épanouissement, dans les différents champs de la vie personnelle. Ce travail intérieur n'est pas des plus simples. La philosophie ne peut se priver de l'examen de Soi. Elle comporte une dimension existentielle et introspective, à la différence de l'astronomie ou de la physique. Les philosophes ont souvent évoqué des événements extérieurs à l'humain qui avaient des résonances sur sa propre sphère psycho-affective et pouvant dès lors l'affecter. Ils invitent d'ailleurs à regarder ce qui se passe sur le plan de la conscience. Mais ce regard n'est pas facile à porter car on manque de recul pour se connaître du fait que ce regard se porte souvent davantage vers l'extérieur que vers l'intérieur.

Ce moment d'introspection durant lequel le regard reste tourné vers nous-mêmes permettra par la suite de le tourner vers l'extérieur, vers les autres. Celui qui apprend à se connaître, qui prend le temps de s'explorer lui-même peut davantage comprendre autrui, s'intéresser à ses difficultés de manière plus rationnelle et distanciée. Tourné le regard vers soi peut être inconfortable car on n'en n'a pas souvent l'habitude et parce qu'il faut d'observer tel que l'on est et non pas tel que l'on voudrait être. Pourtant il s'avère utile d'admettre que l'on a souvent revêtu un ou des masques, que l'on s'est plus ou moins construit un faux-moi dans le souci de défendre une image de soi (valorisante) que l'on a construite peu à peu. Se plonger dans l'introspection conduit à constater que l'on a développé une image de soi qui a été induite par tel ou tel parent qui se projetait dans la personne de son enfant, par compensation, sublimation ou à la suite de frustrations personnnelles. Une posture d'implication et de détachement s'avère souhaitable pour mener ce travail de connaissance de soi. Il conduit à cesser de s'accrocher à une fausse image de soi, à changer d'appui, à amorcer un déséquilibre pour trouver un nouvel équilibre, plus personnel ; à cesser de vouloir se cacher et à oser se lancer dans l'existence avec davantage d'authenticité.

Se connaître pour s'affranchir, pour vivre véritablement sa vie, pour mettre à profit ses potentialités sans retenue, voilà de belles occasions de renaître. Devenir et être Soi pourraient être la devise d'un programme de rétablissement.

La connaissance de soi ne fait-elle pas partie d'une démarche - peut-être moins conscientisée – qui vise la quête de l'âme ? Une quête dont l'essentiel pourrait se résumer à se libérer de schémas ancestraux qui ont tendance à freiner son évolution. L'âme, dont la défiition a évolué depuis des siècles, peut s'assimiler à ce principe vitale et spirituel qui anime le corps grâce au souffle, à la respiration. Elle est le principe même de vie d'un corps. Pour Spinoza, l'âme et le corps sont une seule et même chose ; elle est le conducteur de l'expérience, elle représente également l'expression émotionnelle et énergétique de la personne. Ainsi, le corps n'est plus la prison de l'âme comme chez Platon, pas plus qu'il ne l'est pour Descartes. La connaissance de soi est certes bien reliée à la découverte du Moi, mais également aux ressources de l'âme dit Mark Prophet dans son ouvrage co-écrit avec sa femme Elisabeth, *La connaissance de soi, à la découverte du moi et des ressources de l'âme,* publié en 2011, aux Editions Lumière d'El Morya. Les auteurs en viennent ainsi à préciser comment la connaissance de soi franchit les frontières de la personnalité pour entrer dans le vaste infini de l'âme. Les notions d'ego, de karma et de Soi sont évoquées en tant qu'éléments à maîtriser ou à transcender pour se diriger vers le Soi supérieur.

7

L'INTROSPECTION

> *Tout ce qui nous irrite chez les autres peut nous amener à nous comprendre nous-mêmes.*
> *Carl Jung*

Lorsque l'on en vient à évoquer l'univers de la Connaissance de soi, on a tendance à rapprocher cette notion de celle de l'introspection. Mais qu'en est-il précisément ? L'introspection désigne le fait de s'observer soi-même. L'objectif est d'acquérir une bonne connaissance de soi et de ses capacités. Elle permet également de reprendre confiance en soi dans certaines situations. Il existe deux types d'introspection : la première est spontanée ; la seconde est provoquée. L'introspection spontanée peut se réaliser seul, grâce à des rituels, à des exercices. La seconde demande de faire appel à un thérapeute. Peu importe le type d'intervention, la finalité reste la même : se découvrir, accéder à soi, se sentir mieux.

À la Renaissance, René Descartes a apporté une contribution importante au domaine de l'introspection en la positionnant comme un outil essentiel de connaissance de soi. Son approche rationaliste lui fait utiliser le *doute méthodique* pour remettre en question toutes ses croyances et atteindre une certitude, fondée sur sa propre existence.

Pour le philosophe, l'introspection offre un accès privilégié à nos propres pensées, nous permettant ainsi de mieux comprendre notre nature intérieure, notamment en identifiant nos propres émotions. Ainsi, pratiquer une introspection régulière permet de les observer, de prendre conscience de nos réactions habituelles et ainsi de développer une plus grande liberté en s'opposant ou en cultivant certains traits de personnalité identifiés. Le philosophe a souligné par ailleurs la fiabilité de l'introspection dans le but d'accéder à ses propres pensées.

L'exploration de l'univers intérieur, l'examen de conscience qu'elle exige de conduire (avec la détection des émotions et une comparaison portant sur d'autres situations, le tout avant une éventuelle verbalisation), permettent d'accéder à une plus grande liberté du fait qu'elle permet d'identifier certains penchants. Cette introspection est une incursion vers la connaissance de soi, où le Sujet se trouve être l'observateur et en même temps l'observé. Ainsi, c'est l'occasion de se regarder dans le miroir, sans masque, afin de mieux se comprendre. C'est bien la pratique régulière qui va faire la différence. Elle nécessite une certaine volonté, une certaine discipline dans le but de mener une exploration, une réflexion sur ses propres émotions, ses propres pensées. Une introspection émotionnelle s'avère particulièrement intéressante à mener. Car ce sont bien nos émotions qui conditionnent nos vies, venant ainsi impacter nos facultés perceptives. Sans cette connaissance de soi, nous resterions ignorants, dans l'aliénation, dans la servitude. Ce travail d'attentive observation de nous-même, de notre sensibilité, de nos motivations, de nos souhaits et désirs, de nos émotions, permet de discerner, d'observer avec lucidité, sans a priori les composantes de notre propre individualité. Cette étude philosophique de connaissance de soi que représente l'introspection est l'un des piliers de l'accès à la libération des conditionnements.

Le processus d'individuation tout comme l'effort d'introspection, le nécessaire cheminement vers la connaissance de soi conduit à la libération de sa personne qui reste encore trop corsetée par l'Ego (du moins, cette part d'Ego qui se nourrit encore de prétention, d'orgueil ou de suffisance). Un authentique travail d'accomplissement de soi conduit à se déposséder du Moi pour se diriger vers le Soi. Ici, la vraie identité de la personne émerge. Il s'agit d'une sorte d'éveil qui illumine l'âme de la personne, une prise de conscience de l'illusion de ce qui constituait auparavant l'identité de la personnalité. Ce chemin de libération nécessitant parfois l'intervention d'une aide extérieure, permet ainsi de découvrir qui nous sommes réellement, en nous délivrant des attentes des autres (parentales, amicales, affectives...). Cependant, c'est surtout sur le conditionnement intérieur, personnel qu'il s'agit d'intervenir. Ainsi, il devient nécessaire de quitter peu à peu cet état d'esclavage qui s'est mis peu à peu en place, dès la venue au monde, dès la croissance et lors de l'adolescence. Le bouddhisme invite d'ailleurs à suivre cette voie afin d'atteindre l'expérience ultime de la non-servitude, de la libération intérieure. C'est bien celle-ci qui conduira la personne vers plus d'authenticité dans ses comportements. Donc, plus de bien-être.

L'intropection représente donc ce travail d'observation de soi-même. En une écoute de notre sensibilité, de nos émotions. Il s'agit également de jeter un regard bienveillant et compréhensif sur toutes nos expériences mais également croyances. Il s'agit par ailleurs d'observer tout ce qui nous met en joie et tout ce qui nous attriste ; de prendre en considération les obervations retenues. Bref, un authentique travail intérieur d'obervation pour tenter de devenir réellement Soi, pour être Soi.

Certes, il semble difficile dans un premier temps pour celui qui n'en possède pas les outils, d'observer ses propres phénomènes humains. Il est surtout pas évident d'être un observateur et d'être *l'objet* observé. Auguste Comte (philosophe et sociologue) d'une part et Wilhelm Wundt (psychologue) d'autre part étaient assez réservés sur la question il est vrai.

La connaissance intérieure que l'on a de nos perceptions, de nos actions, de nos émotions et de nos représentations exige une attention constante et soutenue ainsi qu'une analyse attentive de ses propres sensations. Il est possible de faire appel à un spécialiste afin d'être plus à même de s'auto-connaître, avec un maximum d'objectivité. Par ailleurs, un outil comme la méditation peut également être utilisée dans un but d'analyse, d'approfondissement, d'auto-critique portée sur soi. Regarder en soi, de rendre visite à soi-même, se mettre en retrait, renoncer à la facilité va dans le sens d'une introspection vouée à explorer notre intériorité. C'est un fait, la société n'encourage pas véritablement la démarche salutaire. Elle pousse même à l'inverse. Elle ne fera rien pour encourager à la non-action, à la réflexion sur ce qui se passe en nous. Ainsi, il faudra également dépasser ce désordre qui tentera de se manifester ; afin de ne plus être esclave de soi-même et de son environnement. Ces attitudes viendront nourrir et renforcer votre humanité.

8

DEUX DISCIPLINES DISTINCTES

> *L'être humain ne vient pas au monde à n'importe quel moment. [...] L'astrologie permet de donner un sens philosophique à son existence.*
> André Barbault

Il peut paraître surprenant de mettre en relation deux disciplines (celles qui sont indiquées dans le sous-titre de l'ouvrage bien que la philosophie ne soit pas réellement une discipline ; elle n'a pas de cloisons ; elle vient surtout problématiser tout ce qui relève de l'expérience humaine et s'interroge sur la sagesse) qui semblent ne pas avoir trop d'affinités l'une pour l'autre, au sein d'une étude portant sur une seule et même thématique. La philosophie vient susciter la démarche de connaissance. Elle éveille l'individu à la décision d'entreprendre, elle vient lui demander de s'engager afin de développer son bien-être, d'apprendre à mieux s'autoévaluer dans le but d'avoir une vie pleine de sens ; notamment grâce à la connaissance de soi, à celle des lois de l'univers afin de mieux s'insérer dans la société.

Les deux *disciplines* promeuvent, de manière différente, la Connaissance de Soi, le fait d'apporter davantage d'informations sur la structure psychique de l'être humain (dans le but de se reconcilier avec soi-même, de connaître ses capacités psycho-comportementales), de trouver un mieux-être, de parvenir à une paix intérieure (et à une forme de sagesse), de pouvoir comprendre la place qu'il occupe dans le vaste cosmos et les lois implacables qui le régissent.

On le constate, on a affaire à deux disciplines, parmi d'autres qui valorisent le fait de se découvrir, de mieux se connaître, afin d'exercer au mieux son réel pouvoir sur le monde, le plus sainement et consciemment possible ; ceci dans le but d'affirmer notre esssence véritable. Dans la voie de l'astrologie, il ne s'agit nullement d'intégrer de la voyance ou des énoncés prédictifs ; seuls sont retenus les aspects, les interprétations en lien étroit avec la connaissance de soi.

Les deux disciplines, philosophie et astrologie, sont certes bien distinctes cependant leur intention commune est de participer l'enrichissement de l'existence de l'homme, à sa quête de bien-être, à sa propre découverte dans le but de pouvoir s'affranchir de dépendances inutiles. Elles sont toutes deux en lien avec l'esprit, avec l'expansion de connaissances permettant à l'homme de progresser au-delà de sa simple condition d'être vivant et consommant. Elles se rangent toutes deux dans le vaste domaine de l'expansion mentale, de l'élargissement de conscience ; domaine qui a une place bien distincte dans le zodiaque constitué de douze Maisons singulières. En effet, philosophie et astrologie trouvent leur place dans le secteur (la Maison) neuf.

En astrologie, la Maison neuf correspond au secteur de l'accès au Supérieur, de l'ouverture de l'esprit ; elle participe à l'élévation de soi, à l'enrichissement de la personne ; elle est en lien avec la religion, avec l'accès à un monde plus vaste (l'étranger). La maison 9 éclaire également sur les aspirations philosophiques, religieuses (la foi, les questions métaphysiques), sur l'élévation spirituelle (la sagesse), l'astrologie (la découverte de Soi), l'expansion du développement individuel (il représente l'ensemble des processus visant l'amélioration de soi, afin d'atteindre un état de bien-être et d'épanouissement ; il englobe des aspects tels que l'auto-évaluation, l'auto-amélioration, la réalisation des aspirations et des objectifs ainsi que le développement des compétences et des talents), les études supérieures (dans le sens de l'accès à la connaissance et au savoir), le Droit, les voyages, l'étranger (les langues étrangères), la vision lointaine, les pensées et concepts abstraits, l'apprentissage des différents états de conscience. On le voit, c'est une Maison qui concerne toutes les potentialités spirituelles, philosophiques, celles qui sont reliées à l'enrichissement de la conscience (de l'âme) et des connaissances de la personne.

Cette Maison astrologique définit la capacité à transcender la réalité quotidienne afin de trouver un idéal. C'est ici que peut se définir la manière utilisée pour aborder la sagesse par la personne et l'accomplissement qui pourra en résulter.

Ainsi, la Maison neuf, dans le thème astral, est souvent considérée comme le laboratoire de l'évolution personnelle et spirituelle. Elle apporte une indication sur la quête de sens et le désir d'expansion de la conscience. L'exploration et l'intégration des expériences nouvelles pour stimuler la croissance personnelle, émotionnelle et intellectuelle peut s'identifier à partir de ce secteur du zodiaque qui prend place entre celui de la transformation notamment et celui de la réalisation sociale.

9

LA PHILOSOPHIE

Souviens-toi que tout ce qui arrive,
arrive justement.
Marc Aurèle

    Intéressons nous tout d'abord à la philosophie. Nous pouvons déjà en proposer une définition basique : elle peut se percevoir comme une activité qui dispense un ensemble de questions que l'humain se pose sur lui-même pour se diriger vers le bonheur, le bien-être. L'astrologie, quant à elle, se propose d'apporter un éclairage sur la personne, sur ses composantes ; elle envisage également, sous forme de prédictions, les étapes de vie auxquelles elle sera soumise afin d'honorer l'incarnation qu'elle vit et d'être en parfaite résonance avec le milieu dans lequel elle se situe. Les croyances du consultant reposent sur une spiritualité qui positionne l'homme et son parcours de vie dans un vaste ensemble organisé, structuré.

La philosophie engendre des modes de vie, des états d'être, des comportements spirituels dans le but d'accéder à un mieux-être. Elle génère un ensemble de questions que l'être humain peut se poser sur lui-même et l'examen des réponses qu'elle peut apporter.

Sa constitution, son essence reposent sur la raison, principalement, cette capacité qu'a l'homme pour formuler des jugements, pour discerner le vrai du faux et qui vient dès lors s'opposer à la sensibilité, la foi, aux passions, aux interprétations ou bien encore aux croyances. Nietzsche a un tout autre point de vue : pour lui, la raison est utilisée pour imposer des catégories rigides sur le monde. Il voit la raison comme un outil de domestication de l'humain, éloignant l'individu de ses instincts naturels et de sa puissance vitale. *Il y a toujours un peu de folie dans l'amour mais il y a toujours beaucoup de raison dans la folie,* a-t-il écrit.

Si l'adjectif rationnel renvoie à la raison théorique (celui de raisonnable étant plutot associé à la raison pratique), à un mode de pensée philosophique, on ne peut pas en dire autant en ce qui concerne la méthode d'interprétation afférente à l'astrologie. Ici, l'adjectif irrationnel (c'est-à-dire qui n'est pas conforme à la logique, déraisonnable) prend sa une pleine valeur pour qualifier la discipline. Cependant, il s'agit bien de trouver des réponses à des questionnements, à différentes problématiques, d'apporter des contenus en matière de psychologie, par le biais d'analogies, de signes, d'interprétations, de corrélations, d'observations multiples.

Quand on évoque la philosophie, on ne peut écarter les notions de raison, de vérité et de sagesse. Qu'en-est-il ce celle-ci aujourd'hui ? Le monde actuel a pris une direction où ma conquête du pouvoir sur la nature a éliminé toute idée et forme de sagesse. Les prolèmes existentiels liés à la vie humaine sont occultés par une constante agitation. Pourtant, il y a un nécessaire besoin de sagesse, de renoncement à la superficialité, aux intoxications consommationnistes (signalées par Egdar Morin dans plusieurs de ses ouvrages), au pouvoir de l'argent ; afin d'entretenir une relation sereine entre le corps, l'âme et l'esprit (on exprime ici par clarté une distinction entre ces trois dimensions qui constituent dans sa totalité l'Etre humain). Les philosophies orientales entretiennent cette voie.

Où trouver la sagesse et comment l'inscrire dans notre parcours de vie actuelle ? Telles étaient les questions que je posais dans mon précédent ouvrage *Oser la sagesse* (Ed. BoD, 2024). Est-il possible dans ce monde déraisonnable de vivre une vie nourrie de sagesse donc de raison ? Par ailleurs, qu'est-ce qu'une vie raisonnable ?

Sans doute devons-nous dans un premier temps déjà accepter ce que nous ne pouvons changer et qui peut être perçu souvent comme des événements déroutants, déstabilisants, incompréhensibles venant défier notre mode de vie pourtant sage, équilibré, posé raisonnablement inscrit dans une quête de bonheur. Le raisonnable entraîne le rationnel. Certes nous avons besoin de rationalité dans nos vies. Cependant, le versant affectif, qui vient nourrir notre individualité est de plus en plus instable, précaire, soumis à des turbulences imprévues. S'il est difficile de vivre sans raison, il est également difficile de vivre sans affects, sans passion. Ainsi, notre sagesse devra-t-elle nous amener à définir une éthique personnelle (pouvant être la résultante de moments introspectifs) qui viendra dès lors définir un art de vivre, un mode de vie, nourri de tous ces instants de vie, aussi différents soient-ils. Savoir se distancer, accepter, réfléchir permet d'affronter les incertitudes de la vie. La philosophie permet cet apprentissage et conduit ainsi vers l'accueil des petits bonheurs de l'existence et relativise quant à la notion d'un bonheur indéniablement installé pour toujours. Cette manière d'exister, de penser, de ressentir, d'appréhender le quotidien nécessiterait d'être approchée dans sa totalité dans le second degré, au sein du second cycle de l'enseignement secondaire (lycée).

10

PHILOSOPHIE ET DEVELOPPEMENT PERSONNEL

La philosophie n'est pas du développement personnel, au sens pur du terme. Elle n'émane pas d'un coach ni même d'un spécialiste en psychologie positive. Le bonheur est bien au centre des préoccupations des deux disciplines, cependant on ne déploie pas le même discours dans les deux cas. En philosophie, il est bien rare que la tonalité soit injonctive. Beaucoup d'ouvrages de développement personnel quant à eux portent des titres contenant un verbe conjugué à l'impératif, à la deuxième personne du pluriel (Osez, Soyez, Faites et même *Foutez-vous la paix* du philosophe Fabrice Midal etc). *Une des intuitions de la philosophie est que vivre ne va pas de soi ; c'est une épreuve .*

D'abord, on n'a pas choisi sa vie. Et puis, il y a tout ce qui nous arrive, qu'on fait arriver et qui n'est pas plus de l'ordre que de la maîtrise, écrit Laurence Devillairs, également philosophe et enseignante. *La force du développement personnel, c'est son orthodoxie formatante et parfois culpabilisante* précise Marianne Chaillan.

La philosophie est une matière que l'on approche davantage de réserve, de prudence. Les questions existentielles demandent du courage pour les aborder et du temps pour en extraire des réponses adaptées. Point de recette ici. *Pas de besoin de développement personnel si on a la philosophie, qui est tellement plus libératrice* nous dit ce professeur de philosophie à Marseille. *Quand Spinoza invite à atteindre l'autonomie de la pensée, il nous prévient : c'est ardu, incertain. Face aux coachs, à leurs recettes universelles, je choisis la philosophie qui formule des problèmes et veille à une vigilance de la pensée face aux clichés, aux formules toutes faites.* En fait, le développement personnel n'est pas assez critique. Il n'interroge pas les finalités de l'existence, il n'offre pas le recul qu'il devient nécessaire de prendre, face à la vie, lorsque l'on entre dans la période où le corps et l'âme prennent peu à peu congé.

11

PHILOSOPHIE ET ESOTERISME

La philosophie englobe, aborde, interpelle diverses domaines de la vie. Elle s'imisce dans l'existence des Hommes afin de leur permettre de mieux se connaître, de mieux ressentir leur présence incarnée, de lui donner un sens dès lors que l'inconnu, l'impermanence des événements et des situations vient les troubler, les désorienter au plus profond d'eux-mêmes. Sans réponses à des questionnements purement matérialistes, ils en viennent à interroger l'invisible, à spiritualiser leurs quêtes, en dernier recours parfois. Ainsi la philosophie se pare d'occultisme, d'essence plus spirituelle que rationnelle, plus panthéiste que transcendante. Elle devient métaphysique. Pierre Riffard, philosophe toulousain né en 1946, dans son ouvrage *Dictionnaire de l'ésotérisme* publié en 1983 aux Editions Payot a écrit ceci : *un philosophe pur, conventionnel suppose un philosophe occulte. Les historiens de la philosophie n'aime pas en parler. Pourtant, au long des siècles, on observe que la philosophie va par deux, en faux jumeaux.*

La philosophie occulte peut donc captiver l'esprit d'un *vrai* professionnel de la philosophie, rigoureux, méthodique. Ainsi pour penser l'histoire de la philosophie de manière complète, encore faut-il être conscient de ce fait officieux qui a pu atteindre en partie des esprits les plus rationalistes tels Aristote ou Descartes. D'ailleurs, nous savons qu'Aristote lorsqu'il était jeune, s'intéressait à l'occulte, à l'astrologie entre autres. On note que les phénomèmes célestes ont souvent intéressés les philosophes occultes, par exemple les forces attractives de la lune sur la mer ou des planètes sur le psychisme humain (astrologie) qui montre une sorte de connivence entre les éléments, une sorte d'âme universelle formant un tout invisible. La philosophie occulte l'est de deux manières : d'une part parce que son objet d'étude porte sur la réalité cachée, invisible de la nature et de l'homme, et d'autre part parce qu'elle même à la limite entre le rationnel et l'irrationnel, est occultée par l'histoire de la philosophie académique et universitaire. La philosophie occulte rste interprétative car sans se ranger du côté des sciences humaines car elle reste une philosophie générale, une pensée holistique, une métaphysique à la fois sensible et rationnelle. Elle est *métaphysique mystérieuse* précise Pierre A. Riffard dans son livre *Qu'est-ce que la philosophie occulte ?* publié en 2017 aux Editions Hachette. Enfin, il nous faut préciser que la philosophie occulte unit l'ésotérisme - transmission de la tradition qui est au coeur des grandes religions à l'occultisme – qui lui, intègre une théorie générale des vertus secrètes des choses.

Le monde de l'invisible, de l'occulte, ce qui se rapporte à la connaissance de ce qui est caché a toujours passionné une partie des humains. L'expression *Sciences occultes* dans lesquelles figure l'astrologie entre autres, semble avoir apparu en 1829 avec la publication d'un ouvrage du poète et chansonnier Eusèbe de Salverte *Des sciences occultes ou Essai sur la magie*. Naturellement, ces sciences (parasciences ou pseudo-sciences comme le mentionnait déjà en 1796 l'historien James Pettit Andrew à propos de l'alchimie), étaient déjà pratiquées un peu partout dans le monde. Ainsi, le Picatrix, nom latin d'un traité de magie arabe écrit vers 1050, définit la nigromancia qui peut se voir comme tout chose cachée à l'appréhension et dont la majorité des hommes ne comprennent pas comment elles se font ni de quelles causes elles proviennent. Ouvrage qui a connu un très grand succès à la Renaissance. Papus (Dr Gérard Encausse, 1865-1916) fut l'un des plus grands occultistes français. Il a joué un rôle important dans la popularisation des disciplines occultes auprès du grand public. Son *Traité élémentaire d'occultisme et d'astrologie*, publié à la fin du XIXe siècle, est l'un de ses ouvrages les plus diffusés. Une école publique porte son nom à Toulouse. Toujours dans cette ville, on remarque que l'immense croix occitane Cf. § 12) qui tapisse le sol de la célèbre place du Capitole comporte à ses angles les douze signes astrologiques. Par ailleurs, à Auch (Gers) comme dans d'autres édifices religieux de villes importantes, on trouve au sein de sa cathédrale (Ste Marie) des vitraux construits par l'illustre maître-verrier du XVe siècle, Arnaud de Moles, qui représentent les douze signes du zodiaque à proximité des figures religieuses classiques.

En portant un regard élargi sur les spécificités qui concernent les deux disciplines faisant l'objet de l'ouvrage et les éventuels liens qu'elles pourraient entretenir, on s'aperçoit en définitive que la pratiques philosophiques ont voulu se rapprocher des savoirs réservés, occultes, secrets qui étaient intégrés dans certaines disciplines ou courants de pensée tout comme les pratiques ésotériques ont pu interpeller le philosophe, dans la mesure où elles souhaitent favoriser une conduite orientée vers des états de connaissance et d'amélioration de soi, de Bien-être, de croissance en vue d'affirmer une véritable gestion de ses émotions, entre autres..

Pour le philosophe contemporain, l'astrologie n'est pas réellement un outil qui peut être considéré dans un but en lien avec la connaissance de soi, avec l'exploration objective tout comme avec l'analyse de ses propres comportements, de ses propres pensées, en termes spirituels ou psychologiques, de son rapport au bonheur et à la sagesse. Pour lui, sa base de réflexion , c'est la raison, le sens de la vie, l'homme dans toute sa complexité.

Nulle interprétation même à partir d'une considération rationnelle de l'univers (l'astrologie se base sur l'astronomie) ne peut être retenue pour celui qui construit son activité de chercheur à partir d'une recherche de la vérité, guidée par un questionnement raisonné sur le monde, sur la connaissance et sur l'existence humaine. Ce qui avancé de la part d'un astrologue en matière de connaissance de soi, ce qui est retenu comme outil afin d'y parvenir, ne séduit nullement le philosophe qui lui, ne possède pas réellement d'outil tangible mais interroge l'individu dans sa complexité, lui propose un travail d'introspection, d'auto-analyse ou encore d'auto-critique - pilier fondamental du développement philosophique - sur des éléments observables de sa vie. Comment pouvoir assimiler l'idée abstraite qui consiste à établir du lien entre les planètes et leurs énergies et les êtres humains l'habitant ? Pourrait-il exister des forces occultes, énergétiques, des énergies magnétiques fortement puissantes qui interviendraient sur le psychisme et les éléments corporels des Terriens ? Comment un tel rayonnement pourrait-il être ressenti chez un Homme situé à des millions ou des milliards de kilomètres des planètes du système solaire ? Comment des traits de caractère, des profils psychologiques pourraient être établis à partir d'une interprétation des différents aspects que font les planètes (et les deux luminaires que sont le Soleil et la Lune) entre elles et avec la Terre ? L'astrologue quant à lui n'a aucun mail à répondre à ces questions. Pour lui, le monde entier est tissé de liens énergétiques et autres et de ce fait compose un maillage où tout est en connection. Tout est interlié, en interdépendances. L'influence des planètes ne fait aucun doute pour le l'astropsychologue. A l'aide du thème natal, il extirpe des traits de caractères de la personne qui consulte. Il les met à jour. Il existe plusieurs façons d'établir la carte du ciel ; c'est le système de domification choisi qui va rendre possible son graphisme ainsi que son interprétation. Nous y reviendrons plus tard.

L'astrologue quant à lui, se réfère à d'autres paramètres. La finalité de la discipline qu'il étudie repose sur le souhait d'identifier les forces et les faiblesses de l'être humain, de connaître sa personnalité, d'apprendre à se connaître. Derrière les clichés sur les signes astrologiques, sur la lecture des horoscopes dans les magazines, se cache un monde de l'ésotérisme plus sérieux. Qu'est-ce-qui se cache réelle derrière le pouvoir des astres et les croyances célestes ? L'astrologie faut-il le rappeler, n'est autre que l'art de décrypter les mouvements planétaires. Ce n'est pas réellement une science mais seulement des théories basées sur des centaines d'années d'observation depuis sa création par les Mésopotamiens. Comment les astres peuvent-ils avoir une influence sur notre manière d'être, de vivre, sur nos comportements et notre profil psychologique ? L'astrologie ainsi définie permet d'apprendre à mieux se connaître, à mieux comprendre vos liens avec autrui. Cet outil (le thème astral) constitué à partir de données astronomiques mais constitués d'interprétations non basées sur la rationalité, doit être perçu comme un support, un soutien, un complément d'informations concernant la personne. Il ne doit cependant se transformer en injonction, ni prendre le dessus sur votre vie.

On le constate, on a affaire à deux types, parmi bien d'autres, de voies possibles pour parvenir à se découvrir, à mieux se connaître, afin d'exercer au mieux notre réel pouvoir sur le monde, le plus sainement et consciemment possible dans le but d'affirmer notre esssence véritable. Ici, il ne s'agit nullement de voyance ou d'énoncés prévisionnels ; seul est retenu l'aspect en lien avec la connaissance de soi.

12

LA CROIX OCCITANE

La croix occitane incrustée dans le sol de la place du Capitole à Toulouse comporte étonnement à ses extrémités les signes du Zodiaque. La rédactrice en chef du journal de Toulouse nous aide à en savoir davantage : " les noces de Guillaume III (au XIe siècle), dit Taillefer, comte de Toulouse, d'Albi et du Quercy avec la jeune Emma, comtesse de Provence (fille de Rotboald II) ont permis de ramener l'emblème de la Provence à Toulouse, la croix occitane.Mais c'est finalement Raymond IV, le troisième Marquis de Provence et Comte de Toulouse, qui apposera la croix occitane sur son étendard lors de sa victoire dans la bataille d'Antioche. Depuis, les souverains de la Ville rose n'ont plus quitté cet emblème et l'ont intégré aux armoiries de la cité. La légende veut que la croix occitane ait été créée à Venasque, en Provence ; sa symbolique était beaucoup plus religieuse que spirituelle : les quatre branches de même longueur font référence à l'égalité des hommes entre eux ; la bordure jaune leur rappelle qu'ils sont unis par Dieu. L'arrière-plan couleur sang est présent pour matérialiser le monde en souffrance sous le regard des douze apôtres, représentés par les boules qui terminent les branches. En 1995, le maire de Toulouse a laissé au peintre-sculpteur Raymond Moretti, le soin de décorer la place du Capitole. Il aurait été mal venu en cette fin de XXe siècle de représenter des apôtres sous les fenêtres du Maire. Raymond Moretti choisit de combler à sa manière les douze boules fixées aux extrémités de la croix occitane. Il mène alors une réflexion artistique sur le chiffre 12 et propose d'y placer les 12 signes astrologiques du zodiaque, les 12 mois de l'année ou bien encore les 12 heures du jour. Ces options ne font pas l'unanimité. Le Maire va soutenir l'artiste en expliquant qu'une œuvre n'a pas forcément vocation à décrire une réalité : il faut laisser la place à l'imagination. Il aura finalement gain de cause et Raymond Moretti réalisera son projet en utilisant pas moins de 20 tonnes de bronze. Que penseraient les Comtes de Toulouse s'ils pouvaient observer la place actuelle avec sa croix ? *La place du Capitole est aujourd'hui classée troisième plus belle place de France*, poursuit Séverine Sarrat, journaliste au *Journal toulousain*.

13

L' ASTROLOGIE
approche philosophique

L'astrologie se réfère donc à d'autres paramètres. La finalité de la discipline repose sur le souhait d'identifier les forces et les faiblesses de l'être humain, de lui dévoiler sa personnalité, de lui permettre de se découvrir. Au-delà des clichés portant sur les signes astrologiques, sur la lecture des horoscopes dans les magazines, se cache un monde de l'ésotérisme beaucoup plus sérieux. Que trouve-t-on derrière le pouvoir des astres et les croyances célestes ? L'astrologie faut-il le rappeler, n'est autre que l'art de décrypter, d'interpréter les mouvements planétaires. Ce n'est pas réellement une science mais une théorisation qui repose sur plusieurs siècles d'observation depuis sa création par les Mésopotamiens (second millénaire av. J.C.) Comment les astres peuvent-ils avoir une influence sur les manière de vivre des humains, sur leurs comportements, sur leur profils psychologiques ? L'astrologie ainsi définie permet d'apprendre à mieux se connaître, à mieux comprendre les liens tissés avec autrui. L'outil utilisé dans le but de rendre compte de ces données est le thème astral ; il est constitué à partir de données astronomiques relatives au jour et au lieu de naissance à partir desquelles viennent se greffer des interprétations (en lien avec les composantes psychiques et psycho-affectives de l'individu) ; celles-ci ne sont pas établies sur des bases purement rationnelles tout comme de nombreux tests psychologiques et/ou psychanalytiques. L'analyse du thème doit être perçue comme un support, un soutien, un complément d'informations concernant la psyché de la personne. Il ne doit pas être assimilé à un catalogue de vérités invariables ni même être reçu comme une énumération d'informations et/ou d'injonctions en matière de comportement, ni créer de la confusion chez la personne qui consulte.

Le mot astrologie provient du latin *astrologia*, mot dérivé du grec ancien ἀστρολογία / astrología, composé de ἄστρον/astron (astre/étoile) et de λόγος/logos (parole/discours). L'astrologie est donc le discours sur les astres. Les astronomes grecs de l'antiquité faisaient bien la différence entre leur matière et l'astrologie. Plus tard, Claude Ptolémée, astrologue, astronome et mathématicien, rédigera deux ouvrages distincts au sujet de ces deux disciplines. Après des périodes durant lesquelles elle fut malmenée, l'astrologie sera de nouveau à l'ordre du jour durant le haut Moyen âge, à des fins politiques. Les rois s'entouraient d'astrologues notamment pour les aiguiller dans leurs décisions. Certains ont eu beaucoup d'influence notamment Nostradamus, Côme Ruggieri, conseillers auprès de la reine Catherine de Médicis. Il est à noter que tous les précurseurs de l'astrologie grecque étaient des philosophes. C'est en Grèce que l'âme orientale s'est pourvue de mathématiques et de philosophie.

Le britannique Alan Leo (1870-1917) est considéré comme le père de l'astrologie moderne. Il s'intéressait tout particulièrement à l'étude du caractère chez l'individu et très peu aux prédictions astrologiques. Ses lectures et analyses d'un thème astral étaaient empruntes de psychologie, vers une interprétaion souple des tendances possibles chez l'indiv concerné. James Holden dans son ouvrage *Une histoire de l'astrologie horoscopique* paru en 2006, a décrit le tournant pris dans le domaine de l'astrologie à partir de travaux de Alan Leo (de son véritable nom...). Il écrivit ceci : *Par la suite, ce qu'on a appelé plus récemment l'astrologie " orientée événements " a progressivement reculé au profit de l'analyse des caractères et de descriptions de zones possibles d'harmonie ou de stress psychologique ;* ce qui équivaut actuellement aux notions fréquemment utilisées de sextile (ou trigone) et de carré (ou opposition). Il fit notamment évoluer le statut judiciaire des astrologues en Angleterre. Ses travaux ont apporté un renouveau dans l'astrologie pratiquée dans le monde occidental après son déclin à la fin du XVIIe siècle. Il a intégré dans ses études des concepts tels que le karma et la réincarnation et a pu les faire diffuser à travers l'Europe et l'Amérique du Nord grâce à la Société théosophique à laquelle il appartenait. Il publia en 1912 *Elaboration de l'horoscope,* ouvrage dans lequel il expose de manière concise la méthode de construction d'un horoscope, avec des explications très détaillées de tous les termes techniques susceptibles d'être rencontés lors de la lecture ; il comprend un tableau des ascendants et un éphéméride pour les années 1870/1933, avec des instructions simples pour les utiliser ausi bien pour létudiant avancé que pour le débutant. En 1929, il publia un dictionnaire complet d'astrologie. Voici un de ses conseils qu'il donna à ses collègues astrologues : *Laissons de côté l'astrologue fataliste qui se targue de ses prédictions et qui cherche sans cesse à convaincre le monde que c'est seulement dans le côté prédictif de l'astrologie que nous trouverons sa valeur. Il n'est pas nécessaire de discuter de sa réalité, mais plutôt de procéder à un changement de mot bien nécessaire et d'appeler l'astrologie la science des tendances.*

L'astrologie se base sur les calculs rigoureux effectués par les astronomes. Ceci dans le but d'établir des thèmes astrologiques précis à partir des éphémérides établis. Avant la rédaction de ces documents, il fallait que le passionné du ciel observe de lui-même les étoiles avant d'envisager une quelconque interprétation. Il fallait donc devenir astronome avant de devenir astrologue. Il faut noter que pour certaines personnes, les zététiciens (c'est Henri Broch, physicien français du XXe siècle, qui remit en évidence le terme de zététique pour ainsi désigner tout scepticisme critique exprimé face aux phénomènes paranormaux...) entre autres, les corps célestes sont trop lointains pour exercer une queconque influence gravitationnelle ou autre sur les humains ou espèces vivantes terrestres.

Le zodiaque vaut aussi bien en astronomie qu'en astrologie, à cette différence notable que l'astronomie compte treize constellations et l'astrologie douze. Il représente la zone au sein de laquelle se retrouvent toutes ces constellations ; traditionnellement il est présent dans l'art religieux, roman ou gothique. Ainsi figure-t-il sur le grand portail consacré à la Vierge à N.D. de Paris, dans les cathédrales d'Amiens et de Chartres, pour ne citer que ces deux importants édifices religieux.

Les Anciens divisaient le zodiaque à partir du point vernal (Printemps) en douze parties de trente degrés chacune ; ce sont les signes du zodiaque : Bélier, Taureau, Gémeaux, Cancer, Lion, Vierge, Balance, Scorpion, Sagittaire, Capricorne, Verseau, Poissons.

En astrologie, les astres sont comparables à des énergies qui influencent les motivations des être humains. Il s'agit de fait de planètes qui s'expriment en fonction des signes dans lesquels elles puisent leurs énergies ; le graphisme du thème astral (ou natal) d'une personne représente les Maisons astrologiques qui sont au nombre de douze (comme les signes du zodiaque).

Les Anciens cherchaient tout simplement à comprendre quelle pouvait être leur place au sein du vaste système solaire qui les entourait. Ils observaient ainsi par curiosité les déplacements des astres, repéraient les régularités de certaines apparitions, faisaient des déductions à partir des observations qu'ils menaient avec les moyens dont ils disposaient. Parmi tous les sites en lien avec ces observations, il en est un assez remarquable, situé en Arménie, constitué de monolithes verticaux percés dans leur partie supérieure. Ces trous permettaient sans doute de regarder le ciel, aussi bien le jour que durant la nuit. Le site de Carahunge datant de la moitiè du VIe millénaire av. J.-C. situé à 200 km au sud de la capitale Erevan serait ainsi un ancien observatoire destiné à suivre le mouvement des astres et à mesurer le temps. Quatre-vingt-quatre menhirs de Carahunge ont des trous, ce qui est un phénomène unique pour les monuments antiques (observatoires). Creusés dans ces pierres géantes, ils permettent une grande précision quant à la direction des observations. Les trous ont un diamètre de quatre à cinq centimètres et sont situés à quinze et à vingt cm sous le sommet des pierres. Ils sont élargis de manière conique, bien travaillés et polis. La plupart d'entre eux sont dirigés vers différents points de l'horizon réel, et certains regardent vers le ciel. C'est la présence de certains de ces trous, au diamètre très étroit et dirigés vers des points spécifiques du ciel, qui a permis au physicien arménien Paris Misaki Herouni de calculer avec précision l'âge de l'observatoire de Carahunge à partir de calculs astronomiques. Tous ces orifices ont réellement été faits sur place pour observer les astres asurent les archéologues et historiens.

L'astrologie fut rejetée par le christianisme qui la considérait comme une croyance païenne dangereuse. Elle va disparaître à la fin du premier millénaire avant d'être réintroduite en Europe par les Arabes au cours du XIIe siècle. Elle va occuper une place importante dans tout le monde chrétien, étant liée de manière indissociable à la quête spirituelle. On en trouve donc des traces sur les façades des cathédrales, à travers certaines sculptures et fresques. Le savoir astrologique est enseigné à l'Université. Par ailleurs, de nombreux médecins tiennent compte des principes de l'astrologie pour établir les traitements destinés à leurs patients, pour se renseigner sur la possible évolution des maladies, pour prévoir les dates **des** opérations. De nombreux textes arabes furent traduits en latin au cours du XIIe siècle et firent leur entrée dans les bibliothèques de l'Europe médiévale. La Sicile et la péninsule ibérique furent les premiers creusets de l'écriture astrologique en raison de leurs liens plus étroits avec le monde islamique. Ces écrits constituèrent la base de l'astronomie et de l'astrologie de l'Europe médiévale. L'astrologie est mentionnée à plusieurs reprises dans le Talmud et était considérée par certains rabbins médiévaux comme une voie acceptable d'étude scientifique. Au fur et à mesure que les érudits médiévaux s'intéressaient de plus en plus aux sciences, l'astrologie gagna en popularité auprès de l'élite dirigeante. De nombreux monarques européens employaient des astrologues à leur cour, parmi d'autres érudits et artistes. L'astronome italien Guido Bonatti qui vécut au XIIIe siècle, fut l'une des figures les plus importantes de l'astrologie médiévale, en tant qu'astrologue de la ville de Florence et conseillerde Frédéric II, empereur du Saint-Empire romain germanique (1194-1250).

L'astrologie a donc toute une histoire derrière elle. Elle a connu des périodes durant lesquelles elle a été valorisée. Actuellement, elle ne bénéficie pas de soutien et ses détracteurs sont féroces. Cependant, les horoscopes quotidiens (sans réelle valeur prédictive) attirent de très nombreux lecteurs. Mais ceux qui poussent la porte d'un astrologue pour une consultation sérieuse restent encore peu nombreux. Parfois, c'est le tarif de la prestation qui peut annuler la démarche. Il existe toutefois des sites Internet gratuits qui proposent une lecture acceptable du thème natal. Néanmoins, la prudence s'impose dans ce domaine comme dans tout autre, consultable sur le web.

14

ORIGINE DE L'ASTROLOGIE

L'origine de l'astrologie semblait provenir d'un désir pour l'Homme de connaître l'espace dans lequel il vivait mais également de prédire les changements saisonniers et d'interpréter les cycles célestes comme des signes de communication divine. Tout au long de son histoire, l'astrologie a appartenu à une tradition savante ; elle a figuré dans des cursus universitaires en relation avec l'astronomie, la météorologie et la médecine. Les milieux politiques s'y sont beaucoup intéressés. Des systèmes différents ont été élaborés en Chine et en Amérique latine mais seules les astrologies d'origine mésopotamienne (sur laquelle repose l'astrologie occidentale) et chinoise ont perduré jusqu'à nos jours. En effet, les tout premiers écrits connus concernant les astres remontent à 5 000 ans : ce sont des relevés de mouvements planétaires, reportés sur des tablettes d'argile, observés par des prêtres érudits de Mésopotamie. Le mouvement des astres était perçu comme lié à la présence divine, à la volonté de Dieu. Toutes les connaissances et tous les enseignements dans ce domaine étaient totalement tenus secrets. L'ésotérisme s'installait. Le fatalisme astral, la croyance en la prédétermination du caractère et de la destinée de l'homme ouvrirent la voie à l'astrologie individuelle. Dès lors, le zodiaque fut divisé en plusieurs secteurs (onze puis douze) qui correspondaient aux différents aspects (domaines d'expérience) de la vie humaine.

Après s'être répandue dans différents territoires durant l'époque hellénistique, l'astrologie conquéra le monde romain. C'est donc Claude Ptolémée qui posa lors du Ier siècle les bases d'une première astrologie occidentale.

Au milieu du XVe siècle, l'invention de l'imprimerie favorisa la diffusion des éphémérides ; ce qui rendit possible par la suite l'élaboration de techniques prévisionnelles comme les révolutions solaires et les progressions. L'adoption de la presse à imprimer dans l'Europe de cette époque permit aux astrologues de vendre des cartes du ciel et des almanachs à tous ceux qui s'intéressaient à leur avenir. L'astrologie était depuis longtemps considérée comme une composante des études médicales, mathématiques et philosophiques : elle pouvait désormais toucher un public plus large.

Mais le clergé regardait de près les astrologues car leurs prédictions pouvaient laisser penser que le déterminisme des astres prenaient le pas sur la grâce de Dieu. L'attitude de l'Église catholique à l'égard de l'astrologie fluctua au cours de cette période. Des papes comme Sixte IV (1471-1484) et Alexandre VI (1492-1503) employaient des astrologues et le pape Léon X (1513-1521) créa une chaire d'astrologie à l'université Sapienza de Rome. Parallèlement, les astrologues étaient parfois considérés comme des hérétiques par l'Inquisition romaine. Le polymathe de la Renaissance Gerolamo Cardano (alias Jérôme Cardan, 1501-1576) fut emprisonné pour hérésie en 1570 après avoir produit un horoscope pour Jésus-Christ.

En 1666, Colbert interdit son enseignement et le Siècle des Lumières la remet en cause partout en Europe, la reléguant au titre de superstition. Cependant, l'intérêt des érudits pour l'astrologie demeure intact. Goethe, par exemple, étant un fervent adepte. S'il était interdit d'essayer d'acquérir des connaissances secrètes par le biais de l'astrologie, une exception était généralement faite pour des études pratiquée en direction de la médecine, de l'agriculture ou de la navigation.

15

L'ASTROLOGIE DE NOS JOURS

Au XXe siècle, le psychiatre suisse Carl Gustav Jung s'intéressa à l'astrologie et aux possibilités qu'elle pouvait offrir pour la compréhension des comportements humains. Une approche plus moderne de la discipline se développa (au début du XXe siècle) lorsque ses contenus furent enrichis de termes et de concepts issus du domaine de la psychologie. Carl Jung, qui considérait l'astrologie comme un langage symbolique définissant des archétypes psychologiques, utilisait avec beaucoup de discernement les thèmes astraux de ses patients, lors des séances de psychanalyse. L'utilisation de termes astrologiques ne fut pas largement adoptée par les universitaires de cette époque cependant elle devint une caractéristique importante de la psychologie populaire et des croyances rattachées au courant spirituel moderne du New Age qui prit son essor dans la deuxième partie du XXe siècle notamment aux Etats-Unis. L'astrologue Daniel Chennevière dit Dane Rudhyar (1895-1985), père de l'astrologie humaniste, utilisa des idées issues de la psychologie jungienne et celles du Dr Marc Edmund Jones (considéré comme le doyen de l'astrologie américaine) pour promouvoir des approches proposées par une astrologie transpersonnelle, humaniste. Un des grands mérites de ce type d'astrologie est de dénoncer les effets nuisibles de l'astrologie telle qu'elle est perçue et pratiquée communément c'est-à-dire de manière fataliste, manichéenne et déterministe, avec une opposition bien/mal. *Comprenons bien que la croyance en l'influence bonne ou mauvaise des planètes nuit à l'équilibre psychologique (...). On est conduit à la dépendance psychologique, soit par la peur, soit par la démission ; car cela revient à se décharger de sa responsabilité sur une entité extérieure à soi* a écrit Rudhyar, dans *Astrologie de la personnalité* (Ed. Librairie de Médicis, 2002).

Par ailleurs, Marief Ruperti-Cavaignac, l'une des chefs de file du *Réseau d'Astrologie Humaniste* précise dans son ouvrage *Le rythme du zodiaque* (Ed. Du Rocher, 1994) : *ce qui importe, ce n'est pas de faire de la caractérologie ou de prédire des événements, mais de comprendre (prendre en soi) le matériel de base à notre disposition (thème natal) et les enjeux ou défis à vivre à un moment donné (progressions et transits)... en fonction du niveau où l'on vit.*

Rudhyar a popularisé l'idée d'horoscopes présentant des prévisions succinctes en un seul paragraphe pour les personnes nées dans chacun des douze signes du zodiaque. Ainsi, en 1962, il a participé à la rédaction du magazine *Horoscope.* En marge de ces publications généralistes, il écrivait des articles ; l'un d'entre eux a eu une importance considérable : il concernait la Lune et la planète que ce luminaire contacte avant la naissance ainsi que celle qu'elle atteint après celle-ci. L'importance des planètes encadrées par la phase de la lunaison à la naissance (sur le tempérament de l'individu, sur ses potentialités acquises à la naissance et celles qu'il devra développer en cours de vie) avait été révélée au cœur de son ouvrage *Le cycle de la lunaison,* quelques années auparavant. Beaucoup d'auteurs contemporains s'orientent vers le décryptage des informations concernant le tempérament, le caractère de la personne. L'essentiel ne se situe plus pour ces astrologues dans l'aspect prédictif mais bien sur le plan psychologique de la personnalité humaine. Cette astrologie des Profondeurs est sans doute moins connue que celle qui se retrouve dans des magazines hebdomaires de divertissement. Aujourd'hui encore, ce sont les horoscopes généraux qui suscitent un véritable engouement auprès d'un public de plus en plus large et varié. Par ailleurs, bien que chassée des Universités il y a fort longtemps, l'astrologie y revient parfois mais cette fois en tant que sujet de recherche.

De nombreux lieux de cours d'astrologie(s) voient le jour sur le territoire. Les apprenants en viennent vite à dépasser le domaine superficiel des prédictions pour s'intéresser à un champ plus profond dont les informations leur permettent une meilleure compréhension sur tel ou tel aspect relationnel ou purement comportemental. Ainsi, on est amené à considérer puis à intervenir sur de nombreuses attitudes/réactions standardisées, habituelles qui ne sont plus en adéquation avec notre vécu du moment ni avec celui qui constituera notre devenir.

La notion de blessure psychologique (ou émotionnelle) apparaît bien vite dès lors que les apprentis-astrologues découvrent entre autres la planète Pluton, la Lune Noire, les aspects notamment les carrés (constitués par deux planètes placées orthogonalement dans le thème). Beaucoup d'écrivains spécialisés souvent impliqués dans le domaine du développement de la personne ou bien encore de psychologues abordent le thème de la blessure (d'âme). La (les) repérer est une chose, la (les) guérir en est une autre, bien entendu. Se dégager du poids de la blessure devient souvent l'objectif premier (dès son repérage par quel que moyen qu'il soit) sur lequel l'attention consciente de la personne souhaite se pencher. Afin de viser une certaine forme de délivrance, d'envisager la liberté d'exister. Ces blessures (causées par des événements de la vie et cela dès la plus tendre enfance) ont été assez bien identifiées et sont assez semblables chez tous les individus évoluant dans des contextes de vie relativement proches. Des études anthropologiques avaient permis de noter que même si elles ne semblent pas être mises en avant sous cette forme, la présence de blessures psychiques profondes se retrouvent sur tous les continents qui sont ainsi confrontés à la souffrance mentale, aux troubles du comportement, à des traumatismes existentiels souvent en lien avec la vie familiale dans l'enfance, avec des aspects transgénérationnels. Les auteurs, thérapeutes pour la plupart, ont proposé des voies (personnelles ou collectives) pour s'en libérer peu à peu. Tout ceci dans le but donc de devenir soi, de vivre sa véritable vie (en plus du fait d'exister) ; ainsi, il paraît nécessaire de quitter ces vêtements de l'enfance qui viennent encore et toujours parasiter l'expression authentique de l'adulte qu'il est pourtant devenu.

Ainsi, l'invididu doit toujours trouver les propres outils de connaissance de lui-même et de sa transformation. Parmi eux, on trouve le thème astral (natal). Il n'indique pas comment résoudre la problématique que l'âme devra dépasser afin de s'expandre ; mais il vient signaler précisément son Chemin, la direction à suivre afin d'être en syntonie avec son environnement proche.

Le message reste toujours le même : il s'agit d'identifier ses propres ressources, de s'auto-suffire à soi-même. Il faut tenter de parvenir à se libérer des différentes couches de conditionnements inconscients qui ont conditionné l'allure générale de notre propre vie. Les informations données à partir de la lecture du thème astral sont portées à la connaissance, à la conscience de la personne qui consulte. Il ne s'agit cependant pas de les considérer comme des révélations scientifiques, totalement scientifiques ; nous restons dans la subjectivité, dans une lecture individuelle réalisée avec sérieux, respectabilité, liée à une déontologie mais qui reste interprétative ; l'astrologue confirmé sera en mesure de l'informer sur la prise de recul à effectuer devant ces informations, de voir avec elle si elles sont en résonnance avec sa propre vie présente. Comme toute discipline parascientifique, elle conserve ses parts d'imprécisions habituelles. Néanmoins, cela ne l'empêche pas de participer activement à la découverte de qui nous sommes réellement.

L'astrologie aujourd'hui fait toujours l'objet de publications amusantes, légères, généralistes qui viennent distraire, apaiser, rassurer son lecteur. Ici, n'est retenu qu'un aspect dominant que renferme le signe du zodiaque concerné. Parfois, certains horoscopes sont un peu plus fournis et ainsi permettent d'être en résonance avec les ressentis de la personne qui les lisent. Par ailleurs, avec beaucoup plus de profondeur et visant un public différent, des ouvrages sérieux et nombreux abordent la discipline en lui apportant de la consistance, pour qui veut bien le reconnaître. Ceci est tout particulièrement observable dans le domaine de l'astrologie karmique, de l'étude des métamorhoses de l'âme, du processus et des forces d'évolution concernant l'être humain. Ici, l'astrologie rejoint la psychologie, la psychanalyse en matière de décrytage sans jamais vouloir s'identifier à d'autres disciplines qui lui sont favorablement complémentaires.

16

DIFFERENTS COURANTS ASTROLOGIQUES

> *L'astrologie est une vieille dame qui a séduit les plus grandes intelligences.*
> H. de Balzac

A l'instar de la psychanalyse, l'astrologie contient plusieurs courants ou écoles correspondant à des approches bien spécifiques de la discipline. Celle-ci n'est donc pas figée ; elle évolue sans cesse, y compris à notre époque.

Nous proposons ici quelques pistes informatives concernant les divers courants. Commençons par l'astrologie traditionnelle : c'est essentiellement Claude Ptolémée (100-170), astrologue et astronome grec, qui en a esquissé les principales lignes. L'approche de ce courant est centrée sur la divination. Dans la mesure où, d'après les orientations de ce courant, il n'y a pas de marge de manœuvre pour l'Homme une fois son thème astral établi. Initialement, ce type d'astrologie reposait sur les planètes visibles à l'oeil nu. Le zodiaque utilisé était le zodiaque tropical : il est divisé en douze portions égales de trente degrés chacune, à partir du point vernal correspondant à l'équinoxe de printemps. Les planètes situées après Jupiter ne participaient pas aux interprétations puisqu'elles n'avaient pas encore été découvertes.

Venons-en à l'astro-psychologie : elle représente l'une des premières écoles du début du XXe siècle. Elle vient s'affirmer notamment en réaction à l'astrologie traditionnelle. Ici, la discipline s'inscrit comme un outil de développement personnel, de relation d'aide, d'évolution globale de l'être. L'astrologue André Barbault en est son plus fidèle représentant. Les travaux des psychanalystes comme Freud et Jung servent dès lors de base pour attibuer à chaque planète un tempérament spécifique basé sur des archétypes ; de plus, chaque signe zodiacal est vu comme le terrain d'expression de celle-ci.

- L'astrologie humaniste : C'est Dane Rudhyar qui est à l'origine de ce courant. De son vrai nom Daniel Chennevière. Sa méthode place l'homme au centre du thème astral. L'astrologue étudie ici le thème de manière philosophique. La domification basée sur les Maisons égales (système retenu par par les astrologues humanistes ; notons toutefois que Rudhyar était un fervent partisan du système Campanus) permet de s'appuyer sur les deux grands axes perpendiculaires constitués par l'ascendant/descendant et la Maison 10 (Milieu du ciel)/Maison 4 (Fond du ciel). Cette domification permet de plonger dans l'existence indivuelle du consultant. L'astrologue observe les différents champs d'expérience principaux (représentés par les Maisons) dans le but de voir comment l'homme peut évoluer de manière harmonieuse.

Pour Rudhyar, l'astrologie ne doit pas répondre au besoin de sécurité mais devenir un outil de compréhension des événements transformateurs dans la vie humaine. C'est un langage symbolique où la partie (la personne) peut lire le message du plus grand *Tout,* écrit en gros caractères.

- L'astrologie conditionaliste : c'est Jean-Pierre Nicola qui posa les règles de ce courant astrologique. Il intègre les développements scientifiques dans tous les domaines. Le terme conditionaliste a été retenu pour souligner le caractère non fataliste et non absolu de l'astrologie moderne. Ici les paramètres reliés à la spiritualité n'ont pas leur place.
- L'astrologie karmique : le concept de la réincarnation y a toute sa place ici. On utilise les Noeuds lunaires pour explorer le contexte des vies passées et celui du but de l'incarnation actuelle.
- L'astrologie sidérale : elle se base sur les constellations et non sur les saisons comme l'astrologie tropicale. Elle est très utilisée en Inde. Constellations qui ne bougent pas par rapport à la terre offrant ainsi une base stable pour une

analyses astrologique. Contrairement au système tropical qui utilise le point vernal comme point de référence, le système sidéral s'appuie sue ces constellationsfixes qui ne correspondant pas aux signes du zodiaque du système tropical. La constellation du Bélier est actuellement située dans le signe des Poissons en astrologie tropicale. C'est la précession des équinoxes qui est responsable du décalage qui s'est d'ailleurs accentué au fil des siècles. Il est d'environ 24 degrés actuellement.

D'autres courants se cotoyent comme celui de l'astrologie holistique, de l'astrologie structurale etc. Ils mettent plus ou moins en avant l'individu, son évolution spirituelle, plutôt que la fatalité, le destin implacable.

Ainsi, on l'observe, autant de courants, d'écoles que d'astrologues ! C'est bien à chacun en fait de se faire sa propre opinion. C'est la pratique davantage que la théorie qui fera la différence. On retrouve cet aspect des choses dans les méthodes de soin : certaines personnes adoptent l'allopathie, d'autres l'homéopathie et d'autres encore privilégient la médecine chinoise ou bien certaines pratiques alternatives de soins naturels. L'individu est complexe ; il ne peut être totalement assimilé à un de ses pairs. Son chemin de découverte tout comme celui de guérison lui appartient et reste spécifique. La tolérance, l'acceptation, l'ouverture d'esprit deviennent nécessaires lors d'une confrontation avec des semblables.

17

LE THEME NATAL

La Connaissance de Soi pour les deux disciplines reste donc une notion essentielle ; même si pour l'astrologue, elle vient s'identifier principalement à l'outil spécifique qu'est le thème astral alors que pour le philosophe, elle prend davantage forme au coeur d'une démarche personnelle qui vise à comprendre ses émotions, à trouver sa propre liberté, à rechercher du sens dans le déroulement de sa propre vie.

Bien souvent, une personne vient consulter un astrologue lors d'un passage à vide dans sa propre vie ; elle voit bien qu'il se passe quelque chose, qu'un cycle semble s'achever sans savoir et comprendre ce qui lui est demandé de réaliser, de penser, d'infléchir.
Certaines personnes se dirigent vers la voyance,

vers la guidance, vers la médiumnité ou tout autre support prédictif. Suivant le professionnel qu'elles consultent, elles obtiennent des réponses qui peuvent satisfaire sur le moment. On reste dans l'événementiel, à plus ou moins long terme. La personnalité du consultant est rarement abordée ainsi que le travail intérieur qu'il devrait accomplir lors de cette période de tourmente ou de mutation personnelle.

L'astrologue ou l'astro-psychologue (qui allie bien souvent des éléments de la psychologie jungienne à ceux de la psychologie classique), intervient d'une autre manière. Une consultation favorise, mise sur le développement personnel et l'épanouissement de soi. Elle met l'accent sur la personnalité, les faiblesses, les potentiels, les dons. Elle nous éclaire sur notre fonctionnement énergétique, émotionnel et psychique, sur nos peurs et blocages, sur nos racines, nos liens affectif tout en prenant en compte la période dans laquelle se trouve la personne lors de la consultation. Le thème natal sera donc réactualisé. Les déplacements des planètes qui ont eu lieu depuis la naissance, les transits sur les différents points spécifiques du thème permettent à l'astro-psychologue d'orienter le consultant sur ce qu'il vit, sur les possibles raisons de la présence des événements qui viennent se présenter à lui. L'étude, l'interprétation de la carte du ciel peut venir en complément d'un processus thérapeutique mené auprès d'un professionnel spécialisé.

Néanmoins, certaines personnes peuvent s'aider d'elle-même (processus introspectif) à la suite des informations qu'elles ont entendues. C'est à chacun de définir la manière dont il peut intervenir au mieux pour traverser les moments de crise.

Ici, avec l'astrologie, nous pouvons donc obtenir une analyse singulière de la psyché du consultant, contrairement (ou en complément parfois) aux révélations faites lors d'une voyance. Elle porte directement sur lui-même et sur son Chemin de vie en cours.

L'astrologie avec le thème natal est un des nombreux outils qui conduisent vers l'exploration de la connaissance de soi. On peut en citer d'autres comme la numérologie, le référentiel de naissance, l'ennéagramme, les tests de personnalité, le Design humain.,. Vouloir (mieux) se connaître, c'est avoir envie de s'améliorer de jour en jour ; c'est considérer que la vie a un sens, que l'on peut (re)prendre du pouvoir sur elle, qu'il y a une dynamique intérieure à explorer au sein de chaque Humain afin qu'il puisse se sentir mieux, plus éveiller, plus joyeux, plus léger. Un travail d'individuation (capacité à se définir par soi-même) peut être favorablement entrepris à partir d'interprétations réalisées basées sur tel aspect ou de tel transit astrologique.

Le thème astral révèle donc qui est la personne, sa façon de fonctionner, son dégré d'engagement, d'énergie qu'elle investit dans une tâche, d'élucides certaines complexités, certains tiraillements perçus en soi. Un profil caractériologique peut ainsi être établi. Découvrons sa représentation graphique : le thème astral encore appelé Radix se présente sous la forme d'un cercle (l'écliptique) divisé en douze portions ou secteurs appelés Maisons. Ces divisions appelées domifications, ne sont pas égales ; bien que certains astrologues (peu nombreux) établissent leurs études à partir d'un découpage en douze secteurs égaux, calculés à partir du degré de l'ascendant. L'idée des Maisons est ancrée dans la tradition babylonienne.

Deux axes principaux viennent s'inscrire dans ce cercle, cette roue : le premier est horizontal, c'est le plan de l'horizon ; il sépare le Ciel de la Terre ; c'est l'axe des relations individuelles ; dans un thème astral, ce qui se trouve au-dessus de l'horizon représente le visible et le sous-horizon, l'invisible ; il est constitué par la position de l'ascendant (qui équivaut à la Maison 1) et du Descendant (qui représente la Maison 7, à l'opposé exactement). Le second axe, celui de la stucture, est celui qui se dessine à partir des Maison 4 et 10. L'ordre des Maisons se déroule dans le sens contraire de la progression des aiguilles d'une montre. C'est donc l'axe vertical. Il est composé de deux fois deux quadrans, de part et d'autre de l'axe, tout comme dans le cas de l'axe horizontal (deux quadrans au-dessus et deux autres au-dessous de l'axe). Le thème est constitué de quatre quadrants.

Revenons au premier axe évoqué : dans un thème,

les astres situés au-dessus de l'horizon indiquent les tendances extraverties du sujet. Les astres situés au-dessous de l'horizon précisent la partie introvertie, cachée, inconsciente. Avec l'axe vertical, on peut également définir son degré d'indépendance ou non, sa manière de s'associer, son ouverture aux êtres et aux choses,

Dans le thème natal, on retrouve les astres (dix au total avec les deux luminaires que sont le Soleil et la Lune ; Pluton qui a été déclassé en 19.. reste présent vu la puissance qu'il exprime chez le sujet, notamment sur le plan de l'inconscient, de la transformation, de la sexualité entre autres). Ensuite, on note la présence de nombreux astéroïdes, de la Lune Noire, des Noeuds karmiques etc. Chaque planète est en lien avec les énergies d'un signe du zodiaque. Ainsi, le Soleil est le maître du Lion, la Lune maîtresse du Cancer, Mercure des Gémeaux et de la Vierge, Vénus du Taureau et de la Balance, Mars du Bélier et du Scorpion, Jupiter du Sagittaire et des Poissons, Saturne du Capricorne et du Verseau et depuis la découverte de nouvelles planètes, Uranus du Verseau également, Neptune également des Poissons et Pluton du Scorpion.

Quant aux douze Maisons constituant la roue zodiacale, elles ont chacune des significations très distinctes et spécifiques. Nous en présentons les plus représentives sans toutefois les approfondir dans cet ouvrage (qui n'est pas un manuel d'astrologie). Le lecteur est invité par la suite à se diriger vers des lectures ou des vidéos spécialisées sur telle ou telle thématique.

- La Maison I : elle représente donc l'ascendant du sujet. Elle est en analogie avec le premier signe du zodiaque, le Bélier. Elle montre son individualité, ses énergies propres, sa manière de vivre, son apparence physique.
- La Maison II : elle est en analogie avec les caractéristiques du signe du Taureau. Elle vient représenter les ressources matérielles, ainsi que les potentialités spirituelles ; elle laisse apparaître ce pourquoi la personne est douée.
- La Maison III : en analogie avec le signe des Gémeaux. Cette Maison représente tout ce qui touche à l'intelligence, aux valeurs intellectuelles, à la communication. Les aptitudes à penser et à écrire peuvent être repérées tout comme les relations avec la fratrie
- La Maison IV : cette Maison symbolise la famille, l'hérédité, les racines familiales, l'héritage familial. Elle est en lien avec le signe du Cancer. Comment on peut arriver à se sentir en sécurité.
- La Maison V : en analogie avec le signe du Lion, elle est en rapport avec notre créativité, les loisirs, les passions amoureuses, les enfants.
- La Maison VI : c'est la Maison du travail, de la santé
- La Maison VII : en anlogie avec la Balance. Ici, c'est le secteur de la confrontation avec autrui. On y trouve les tendances associatives de toures sortes, publiques et/ou privées.

- La Maison VIII : elle représente le secteur en lien avec les grandes mutations, les transformations, les métamorphoses, les héritages. La vie sexuelle et les deuils.
- La Maison IX : en analogie avec le signe du Sagittaire, c'est la Maison de l'ouverture spirituelle, des grands voyages, de la philosophie, de l'astrologie. Quête de sens et de connaissances.
- La Maison X : elle indique les potentialités du sujet en matière d'orientation professionnelle.
- La Maison XI : en analogie avec le Verseau, elle donne des indications sur l'univers amical, sur le domaine des projets. Elle évoque notre rapport à la collectivité.
- La Maison XII : en analogie avec les Poissons. Cette Maison représente le domaine des épreuves qui transforment, de la solitude et comment elle peut être vécue. C'est la Maison de l'intangible, de la spiritualité, des profondeurs psychiques.

Il existe plusieurs systèmes de domification ; nous avons déjà évoqué celui des Maisons égales. Le plus connu et utilisé reste le système Placidus : il base la division des Maisons sur la projection de l'écliptique et le temps qu'il faut pour que celle-ci atteigne le méridien d'un lieu donné. D'autres encore sont utilisés : le système Koch, Campanus, Regiomontanus, Porphyry...

18

VERS SA DESTINEE

L'astrologue, avec l'astrologie karmique, positionne l'individu sur une trajectoire, sur un parcours ; pour le philosophe, sa priorité sera toute autre ; il n'inclut pas l'homme dans un parcours. Il s'intéresse à son bonheur, à son essence mais ne lui attribue pas une destinée arrêtée. La philosophie est synonyme de libération, de liberté (encadrée par des lois universelles cependant). Spinoza et Epitecte entre autres précisent qu'il n'arrive rien dans la Nature qui contredise ou même qui ne s'accorde à ces lois. Il y a des choses qui dépendent de nous et d'autres pas, nous rappelle le philosophe grec stoïcien dans son Manuel. Pour beaucoup de ces penseurs, une grande architecture cosmique vient se positionner au-dessus des Hommes limitant leur libre-arbitre mais leur destinée ne semble pas fondée sur un principe de réincarnation.

L'astrologie karmique quant à elle tient à préciser avec quelles énergies acquises de nos vies passées, nous sommes capables d'aborder notre éxistence actuelle. Elle vient interroger notre héritage, nos facilités et nos faiblesses dans tel ou tel secteur. Elle propose de nous guider vers notre avancement, de nous entaîner à devenir l'artisan de notre évolution. Son objectif est d'être un outil efficace donnant la chance d'être conscient de la cause qui produit l'effet. L'éclairage qu'elle apporte, amené par un astrologue pleinement compétent dans ce domaine spécifique, peut étoffer la conscience de l'individu sur les sens de son incarnation, de sa propre existence au sein de son microcosme social, familial. S'engager dans cette démarche évolutive suite aux informations délivrées par l'astro-psychologue, peut délivrer la personne (son âme) de fardeaux jusqu'ici lourds à porter car non rattachés à une signification existentielle. Le recours à l'astrologie karmique vient favoriser l'apprentissage de notre rôle (et statut) envers les autres mais également envers nous-mêmes.

Dans l'astrologie traditionnelle occidentale, on ne tient pas compte de l'orbite lunaire ; pourtant ses points d'intersection entre l'orbite de la Lune autour de la terre et l'orbite apparente du Soleil (le plan de l'écliptique) sont d'une extrême importante en matière de connaissance de soi. Là où se croisent les deux plans, se situent ce que l'on nomme les Noeuds lunaires. Il y en a deux, opposés l'un à l'autre et sont des points virtuels dans la carte du ciel de naissance ; ils correspondent aux deux questions essentielles que l'astrologie karmique tente de répondre : d'où viens-je et vers où dois-je me diriger ? La connaissance de ce chemin spirituel de l'âme permet de réfléchir au sens des actions menées consciemment et inconsciemment, en lien avec ces deux points karmiques qui indiquent nos bagages avec lesquels nous sommes venus et la mission que l'âme de l'humain se doit d'accomplir s'il veut être en accord avec son incarnation. Il est cependant important de ne pas avoir une vision manichéenne à partir de ces deux points. Les Noeuds lunaires sont très utilisés dans l'astrologie hindoue. Ils s'appellent Rahu (pour le Noeud Nord) et Ketu (pour le NS), le premier se voyant assimilé à une influence jupitérienne, le second à une influence saturnienne. On parle aussi de Tête du Dragon pour le Noeud Nord. Les deux Noeuds forment un axe de 180 degrés appelé axe de la destinée (ou d'évolution). Il se déplace dans le sens inverse de celui du zodiaque. Son cycle est de dix-huit ans et demi. Ainsi, les Noeuds reviennent à leur position initiale vers 18, 37, 55, 74 ans, soit quatre à cinq fois dans une vie. Cet axe s'étudie principalement en Signes et en Maisons et vient renseigner les tendances du natif sur ses vies antérieures, à propos de son karma (terme qui signifie *acte* en sanscrit ; la pensée est un acte, elle produit une énergie et donc entraîne une action). A titre d'exemple, un axe Bélier/Balance avec un Noeud Nord situé en Bélier indique chez le natif des tendances à être assez impulsif au cœur de certaines de ses relations ; il peut également y avoir eu des dépendances vis à vis de partenaires conjugaux qui fatalement réduisent sa propre autonomie ; ainsi, l'indépendance, une combativité saine seront des buts à privilégier au fur et à mesure que la personne prendra de l'âge. On considère par ailleurs ce que l'on nomme les Régents karmiques ; ce sont les planètes maîtresses des signes dans lesquels sont situés les deux Noeuds. Il existe également des co-régents qui complètent l'analyse. Cependant, on ne doit pas prendre de manière non nuancée les différentes informations qui proviennent de l'étude des Régents et Co-régents. Il s'agit de les resituer dans le contexte du thème natal.

La Lune Noire est aussi un élément qui fait partie de l'étude karmique du thème natal. La Lune gravite autour de la Terre suivant une trajectoire elliptique. Une élipse a toujours deux foyers, contrairement au cercle qui n'en a qu'une. Le premier foyer de l'orbite lunaire, à son périgée (= point de l'orbite lunaire le plus proche de la Terre), est occupé par la Terre tandis que le second foyer, à son apogée (= point le plus éloigné de la Terre), est un point fictif qui est donc nommé Lune Noire ou Lilith.

Lilith n'est pas une planète ; elle n'a pas de domicile précis dans un signe. Sa révolution est d'un peu moins de neuf ans. Pour les astrologues babyloniens (ils exerçaient vers le Ve siècle avant notre ère), la Lune Noire était considérée comme le deuxième satellite de la Terre, telle une sœur jumelle de la Lune.

La Lune Noire, en astrologie karmique, indique le(s) domain(s) où le Sujet doit se remettre en question, où il est capable de se battre, par quel changement radical il doit passer. Elle a également un lien avec la sexualité. La place qu'occupe la Lune Noire dans un signe du zodiaque renseigne sur cette part de manque et de désirs secrets qui se loge chez la personne. Comme exemple, citons un position de ce point fictif en Poissons : mysticisme et toutes formes d'évasion viennent habiter la personne ; une compassion excessive, le besoin d'un partenaire très aimant sont aussi des traits spécifiques à une Lune Noire en Poissons.

Enfin, citons un autre élément qui vient s'ajouter aux précédents dans le cadre d'une étude karmique d'un thème natal : la Part de Fortune. Sa position dans le zodiaque est obtenue en ajoutant à la longitude de l'ascendant, l'arc qui sépare la Lune du Soleil. On trouve une Part nocturne et une Part diurne en fonction de l'heure de naissance. Elle indique les richesses du natif, son expansion, ses succès, ses facilités (dans un domaine particulier, celui qui correspond à la Maison dans laquelle elle se situe), sa chance.

Cette forme d'astrologie (karmique) s'intéresse surtout à l'âme et à ses besoins d'évolution. La dimension spirituelle de l'être peut être ainsi approchée grâce à elle. On l'a vu, ce type d'astrologie se rapproche de la psychologie des profondeurs de Jung, qui elle aussi recherche les motivations inconscientes, c'est-à-dire celles de l'âme ; cette astrologie, de par les informations qu'elle fournit, peut se révéler pleinement thérapeutique. L'astrologie traditionnelle permet une approche de la personnalité extérieure : mais elle ne peut apporter les clés essentielles qui conduisent la personne vers une compréhension de sa propre existence. L'astrologie karmique n'est cependant pas une autre astrologie ; elle se sert du thème natal comme l'astrologie traditionnelle. Toutefois, c'est l'interprétation qu'elle en fait (en considérant les éléments évoqués précédemment) qui marque la différence qui existe entre les deux ; interprétation qui passe par une considération des vies antérieures mais qui a surtout pour finalité la révélation de couches plus profondes de la psyché au sein de la psychologie de l'individu.

19

DIFFERENTS TYPES D'EXPLORATION
dans la pratique astrologique

> *Les cieux extérieurs sont un poème*
> *que répète le ciel intérieur.*
> Dane Rudhyar

En plus du thème astral que les astrologues dressent à partir des coordonnées de naissance (date, lieu et heure précise), il existe d'autres moyens d'explorer l'humain, ses aptitudes, ses potentialités, sa nature psychosomatique. En effet, un thème astrologique n'est pas statique, tout comme la vie de chaque individu. Il sera invité à évoluer et ce cheminement se situera en lien avec le déplacement des astres sur la roue du zodiaque. Parmi ces moyens, on trouve notamment l'étude des transits, le thème progressé, les Révolutions solaires, l'étude des cycles planétaires, etc. Le thème se modifie avec le temps et à certaines périodes de sa vie, l'individu aura la possibilité de développer telle ou telle potentialité de naissance. Dans les faits, plusieurs méthodes de prévision existent et permettent de détecter des informations sur les événements susceptibles de voir le jour. On utilise à cet égard plus d'un outil prévisionnel (si c'est le but recherché) mis à disposition. Afin que des chevauchements d'éléments provenant de plusieurs sources appuyent les probabilités de l'émergence d'un événement repéré.

En matière de prévisions, il est à noter que la Révolution solaire apparaît comme un outil qui permet de dégager au mieux ce qui paraît être prévisible. En effet, celle-ci représente le thème astrologique de l'année et elle apporte des informations de ce qui pourrait se mettre en place durant l'année concernée. Ce nouveau thème est calculé et établi à partir de la date anniversaire du consultant, c'est-à-dire, au moment où la position du Soleil annuel revient sur son propre Soleil de naissance. La Révolution solaire permet d'être éclairé sur des événements marquants qui pourront avoir lieu durant l'année en cours (de la date d'anniversaire à celle d'après). Elle vient s'ajouter à l'étude des transits en venant ainsi préciser la nature de ces derniers. Elle vient informer le consultant du climat astrologique de son année, définir quels seront les opportunités et contretemps qui se présenteront. Il s'agit ainsi d'un éclairage partiel du chemin de la vie de la personne. C'est Alexandre Volguine qui dévoila cette méthode dans ses travaux publiés en 1937. Cette approche ne fait pas l'unanimité de tous les astrologues ; cependant, en portant sur elle un regard averti, elle peut définir le climat de l'année à venir et préciser la nature des événements qui sont repérables dans le thème natal auquel on ajoute la lecture des planètes en transit et transitées.

Les transits planétaires sont des passages d'une planète sur le même degré de longitude écliptique d'une planète de naissance ; l'interprétation des transits consiste dès lors à comparer les structures natales du ciel à celles d'un moment choisi. Chaque transit d'une planète sur une autre n'a pas besoin d'être exact pour être ressenti. Il admet un orbe (= nombre de degrés en plus ou en moins que l'on tolère pour un aspect exact et qu'il reste effectif) temporel à l'intérieur duquel il fait sentir ses effets. Le transit d'une planète sur une autre peut avoir lieu plusieurs fois sur une période courte (inférieure à trois ans par exemple) du fait de la rétrogradation de la planète transitante.

A la naissance, l'individu reçoit *passivement* son héritage céleste qui façonne son thème natal ; les périodes de transits viendront activer le programme ce développement initial. Les transits ont de ce fait un rôle actif, formateur et transformateur ; ils demandent à l'être humain de se réadapter à un nouvel environnement céleste, différent de celui de sa venue au monde.

Les Progressions souvent appelées directions secondaires correspondent au développement psychologique de l'individu. Elles ne représentent pas les événements extérieurs objectifs ; elles se rapportent à des conditions à des conditions subjectives, au ressenti psychologique. Elles indiquent d'éventuels blocages soit des potentialités d'adaptation de la personnalité envers les événements.

Christophe Guillaume, astrologue, nous propose une définition possible des progressions : *elles reposent sur le principe que la naissance n'est pas un acte statique figé dans le temps mais un instant d'un processus qui s'étale en amont et en aval. Elles sont l'étude des déplacements planétaires et des cuspides des Maisons. Elles représentent l'horloge interne des événements psychiques, elles indiquent à quelle péode de la vie, seront intégrés des contenus fondamentaux contenus dans le thème natal. Celui-ci apporte la connaissance de la réalité psychique latente tandis que les progressions indiquent le déroulement de leur accomplissement. On peut les considérer en partie comme le Destin de l'Homme. Destin qui est simplement l'individualité en devenir ; l'accomplissement, que les Progressions décrivent est l'incarnation directe de la connaissance que l'on a de soi. Cet accomplissement dépend directement de cette connaissance : plus on se connaît soi-même, plus on s'accomplit et vice-versa. Si l'on peut accueillir les changements (que l'astrologue indiquera au consultant) avec une certaine sérénité, le processus d'individuation pourra s'accomplir. Il s'agit d'une forme de libération de l'âme.* Ces lignes permettent de clore ce chapitre avec une totale clarté.

20

ASTROLOGIE ET RELIGION

Dans l'antiquité, astrologie et religion étaient intimement liées. L'astrologie était pratiquée par des devins qui étaient souvent prêtres. Les astres apparaissent comme porteurs de messages divins. L'émergence du christianisme a remis en question ce lien ancien : des textes sacrés sont venus condamner cette pratique considérée comme païenne. Placer dans le mouvement des étoiles la destinée humaine revenait à supprimer les hommes de leur libre-arbitre qu'Augustin d'Hippone (IVe et Ve siècle ap. J.C.) avait proclamé. A partir du XIIIe siècle, une nuance est apportée à cette condamnation avec Thomas d'Aquin (1225-1274) qui énonce cette formule bien connue : les astres inclinent mais ne contraignent pas. Pour lui, la liberté de l'homme se manifeste par sa capacité à résister aux influences astrales. L'Eglise tolèrera cependant l'astrologie pendant la plus grande partie du Moyen-Age. Ainsi, des vitraux ou des fresques dans des églises, des cathédrales ou bien encore dans des monastères (notamment les monastères orthodoxes de Voronet ou de Humor en Roumanie) intègreront les douze signes zodiacaux dans leurs réalisations.

Le débat est tout autre à notre époque : même si l'Eglise n'approuve pas la divination, ni l'astrologie prédictive incompatible avec la liberté de l'homme affirmée dans la Bible et le libre-arbitre que prône le Catéchisme de l'Eglise catholique. Cependant, des chrétiens avouent consulter un astrologue ; non pour décrypter leur avenir mais pour mieux se connaître. Le sociologue Claude Fischler, directeur du centre Edgar Morin, explique que l'astrologie se présente en fait comme une science du sujet et de la relation intersubjective, depuis la seconde moitié du XXe siècle. Philippe Le Vallois, responsable de l'Observatoire des nouvelles croyance de la Conférence de Evêques de France veille à bien distinguer l'astrologie prédictive (qui relève de la divination) et la psycho-astrologie qui peut être un outil pour mieux se comprendre, mieux se prendre en charge au sein de son existence terrestre. D'autres se montrent beaucoup plus fermes dans leurs propos : pour eux, la question de fond est de faire totalement confiance à Dieu pour sa propre gouvernance de vie. Un astrologue ne viendra sûrement jamais évoquer ouvertement Dieu lors d'une consulation ;

néanmoins, il sait que les Lois de l'univers ont été élaborées par Quelque Chose de plus grand que l'Humain (sans toutefois en nommé l'Origine), que celle-ci (la Chose, l'Origine) offre un relatif libre-arbitre dans le quotidien et surtout peut influer favorablement les comportements de la personne dans la mesure où celle-ci apprend initialement à mieux se connaître, à vivre vertueusement.

Pour conclure, nous pouvons citer un célèbre astrologue conditionaliste qui s'amusait avec une formule humoristique qu'il avait finement composée sans vouloir offenser quiconque : *Qui est le plus crédule ? Celui qui croit en l'astrologie ou celui qui croit en la virginté de la Vierge Marie et à la Sainte Trinité ?*

Quant à l''attitude d'un chrétien d'aujourd'hui (qui adore un seul Dieu) envers une astrologie qui reste le fruit d'une religion polythéiste, elle peut se comprendre aisément ; toutefois, on ne peut nier que les branches d'un arbre et son tronc constituent un ensemble indissociable.

21

ASTROLOGIE ET POLITIQUES

Au cours de l'Histoire, depuis la plus lointaine époque jusqu'à celle de nos jours, des astrologues, des mages, des voyants ont apporté des conseils aux Dirigeants qui les sollicitaient. Elisabeth Teissier (François Mitterrand l'aurait consultée de très nombreuses fois), Maurisse Vasset (le Général De Gaulle le consultait régulièrement) en sont des exemples récents. Dénommé Régulus, il remettait au Général chaque année un horoscope lors des cérémonies de l'arc de Tromphe. Le président Georges Pompidou fut le premier a commander son horoscope sur ordinateur. Il connaissait parfaitement Germaine Soleil (dit Madame Soleil) qui officiait sur la radio la plus écoutée en France à cette époque (Europe N°1). Jean Jaurès, Georges

Clémenceau, Aristide Briand, Raymond Poincaré consultaient une certaine Madame Fraya, célèbre chiromancienne. En octobre 1947, le très sérieux journaliste Michel Droit s'était rendu chez elle afin qu'elle lui décrive sa pratique, qu'elle lui fasse part de son art. La célèbre Melle Lenormand (1772-1843) présida secrétement au destin de la France. De Louis XVI à Napoléon, elle fut consultée en tant que tarologue. Son tarot est encore utilisé à notre époque. André Malraux, qui croyait également en l'astrologie, avait consulté une voyante gitane en Espagne. Il avait souvent recours à des médiums. On découvre son intérêt pour la parapsychologie, pour la médiumnité sous sa plume, lorsqu'il évoque dans *Hôtes de passage* (Ed. NRF, 1975) Mme Khodari-Pacha, célèbre médium.

Voici une anecdote dans laquelle on retrouve un ancien ministre de la Ve République : un cocktail se déroule à la mairie du XVIe arrondissement de Paris, le 7 novembre 2000. Le maire, M. Pierre-Christian Taittinger, ancien ministre, raconte ce qu'aucun homme politique ne confierait devant une caméra : *nous consultons beaucoup d'experts sur la vache folle et sur les tempêtes. L'un dit une chose, l'autre son contraire. Les astrologues eux, peuvent répondre, c'est leur force ! Quant à moi, demain, j'ai rendez-vous avec un astrologue.* L'assemblée se mit à rire puis applaudit. De Boris Elsine à François Mitterrand en passant par Juan

Carlos ou Mikhaïl Gorbachev, les plus puissants de ce monde, les plus cartésiens des ministères n'ont pris aucune décision sans avoir préalablement scruter le ciel et la configuration des planètes.

Aux Etats-Unis, traumatisée par la tentative d'assassinat contre son mari le 30 mars 1981, Nancy Reagan consultait depuis ce jour-là une astrologue afin d'ajuster l'agenda présidentiel aux déplacements des planètes dans le ciel. Le travail de cette astrologue consistait à déterminer le moment le plus propice pour engager des actes présidentiels majeurs, des discours, des conférences de presse – notamment en matière de choix d'horaires - tout comme d'ailleurs les signatures des différents traités et accords. *Ces consultations astrologiques ne prédisait pas l'avenir du consultant ; elles choisissait dans le présent le meilleur moment pour intervenir ; c'est ce qu'on appelle la technique de l'astrologie des Élections. Le procédé consiste à élire l'heure propice à telle ou telle entreprise. L'astrologue calcule en avance un horoscope qui concerne soit les affaires publiques - début d'un conflit militaire, pose de la première pierre d'un édifice, ou pour les entreprises, le lancement d'un produit - soit les affaires privées. Il s'agit alors du choix de l'heure d'un départ en voyage, afin d'éviter les brigands de grands chemins ou les pirates en mer, comme aujourd'hui, les risques d'accidents, soit encore un mariage ou un contrat, le moment d'une opération chirurgicale comme autrefois l'heure d'une saignée.* (Extrait d'un ouvrage collectif publié aux Ed. Cavalier bleu (Marie-Laurence Dubray, 2000). Paris

On le voit bien, l'astrologie est souvent au chevet des Décideurs et des dirigeants d'entreprise. Et c'est pas demain que.... Si l'astrologie semble bafouée par certains, il semblerait qu'elle vienne en aide à beaucoup d'autres.

22

ASTROLOGIE ET LITTERATURE

> *L'astrologie est une science en soi, illuminatrice. J'ai beaucoup appris grâce à elle et je lui dois beaucoup. C'est une espèce d'élixir de vie pour l'humanité.*
> *Albert Einstein*

De très nombreux écrivains se sont intéressés aux sciences occultes et notamment à l'astrologie. Ainsi, Balzac affirmait dans les salons parisiens qu'il fréquentait, notamment celui de la duchesse d'Abbrantes, que *l'astrologie est une science immense et qui a régné sur les plus grandes intelligences.* C'est dans ce genre de lieu où l'élite mondaine se retrouvait qu'il côtoyait pour son plus grand plaisir de très nombreuses personnalités passionnées d'ésotérisme mais aussi de littérature. Victor Hugo s'intéressait à l'astronomie ; ainsi, il visita l'Observatoire de Paris avec François Arago et convertit sa visite en un ouvrage. Mais il était lui aussi passionné par l'astrologie, par le vaste domaine de l'occultisme. Aucun autre écrivain majeur ne s'est autant intéressé à cette part d'invisible qui nous entoure, allant de l'infini céleste aux variations profondes de l'âme. L'astronomie, l'astrologie interpellaient V. Hugo, mais également le fluide magnétique, le spiritisme, la magie ou la voyance ; ces domaines l'ont surtout inspiré lors de ses créations de poèmes, de dessins, tous emprunts de mystère et d'émotions. L'exploration de l'insondable a nourri la vie entière de l'écrivain de manière passionnée.

André Breton n'a jamais caché son intérêt pour les tarots, ni même pour l'astrologie (il réalisait lui-même les thèmes astrologiques de tous ses amis, connaissances ou admirateurs parmi lesquels on trouve Philippe Soupault, Robert Desnos, René Char, Yves Tanguy, Louis Aragon, Arthur Rimbaud, Lautréamont, Huysmans, Benjamin Péret, Georges Sadoul...). Valentine Penrose, poètesse, romancière, artiste française et férue d'astrologie (femme de Roland Penrose, peintre et photographe, l'un des introducteurs du surréalisme en Angleterre) lui ouvrit les portes de l'astrologie dans les années 1920. Il publia en 1944 l'ouvrage intitulé *Arcane 17*, faisant ainsi référence à la carte de l'Etoile du Tarot de Marseille. Ouvrage pour lequel l'écrivain Kurt Seligmann lui procura des informations concernant le tarot et la symbolique des nombres. Dans son ouvrage *L'amour fou*,

Breton introduit à plusieurs reprises de nombreuses références astrologiques. Par ailleurs, il déclara dans le numéro d'octobre 1954 de la revue *Astrologie moderne* du Centre International de l'Astrologie : *l'astrologie est à mon égard une très grand dame fort belle et venue de si loin qu'elle ne peut manquer de me tenir sous le charme. Dans le monde purement physique, je n'en vois pas dont les atours puissent rivaliser avec les siens. Elle me paraît en outre detenir un des plus hauts secrets du monde. Dommage qu'aujourd'hui - au moins pour le vulgaire - trône à sa place une prostituée.*

Henry Miller romancier né à Brooklyn en 1891, qui s'est élevé contre le puritanisme de la société américaine déclara dans la revue *l'Astrologue* (n°4 de 1968) publiée aux Editions traditionnelles que *l'astrologie parle de l'homme dans son intégralité et j'estime que c'est essentiel : elle le considère comme un être complet. Elle montre qu'il y a des rythmes dans la nature et que chaque être participe à ces rythmes.*

Marguerite Yourcenar, première femme élue à l'Académie française en 1980 privilégiait le service au bonheur. Sur l'astrologie, elle tint ces propos : *le classement des humains par l'imagerie zodiacale enrichie et articulée par les références aux planètes et aux astre situés dans le ciel de l'individu, fournit à l'astrologue un système de morphologie psychologique infiniment plus flexible et plus riche que les classifications hasardées jusqu'ici par d'authentiques* psychologues (revue l'Astologue n° 47).

Les oeuvres de Walter Benjamin, philosophe et écrivain allemand, traducteur de Proust et de Baudelaire sont constellées de références à l'astrologie. De son étude sur *les Affinités électives de Goethe* (publié en 1925) à ses dernières thèses sur la philosophie de l'histoire, il n'a cessé de faire écho, de manière profonde et nuancée, au renouveau astrologique qui traverse l'Allemagne du début du XXe siècle. Une lecture de ses écrits montre que l'astrologie n'est pas pour ce philosophe un simple vernis mais qu'elle tient un rôle central dans l'élaboration de sa réflexion philosophique.

Maurice Druon, neveu de Joseph Kessel et auteur avec son oncle du Chant des Partisans, était un fervent amateur d'astrologie. Il déclara toujours dans la même revue *l'Astrologue*, fondée en 1968 et dirigée par l'astrologue André Barbault (que par ailleurs A. Breton avait rencontré) : *le Jupitérien de naissance que je suis est sensible a toujours éte sensible à cette grande représentation ordonnée de l'univers. Ce qui me plait dans l'astrologie, c'est justement qu'elle supporte un ordre dans l'univers, dans ce qu'on apppelle aussi la création, mais je préfère dire l'Univers.*

Nous en restons là sur le plan des écrivains férus d'astrologie. Nous invitons le lecteur passionné par le thème de ce chapitre à compléter par lui-même ce début de liste.

23

LES FRANCS-MAÇONS

Nous évoquons le lien entre franc-maçonnerie et l'astrologie car il semble qu'il ait pu fasciner les passionnés d'ésotérisme tout comme les profanes et cela durant des siècles. La franc-maçonnerie (déf. Larousse : société mondiale fermée à l'intérieur de laquelle se manifeste une solidarité) puise ses origines dans les guildes médiévales de tailleurs de pierre. L'astrologie quant à elle, se pratique depuis plusieurs millénaires. Elle trouve ses origines dans les civilisations antiques (Babylone, l'Egypte et la Grèce). Pour les Mésopotamiens notamment, les astres étaient des signes et non des causes : il n'y avait pas pour eux de fatalité car il était toujours possible de s'accorder avec les Dieux en cas de mauvais présages.

Certains Francs-maçons au cours de l'histoire ont été d'éminents astrologues. Le Docteur John Dee, mathématicien, astronome et astrologue du XVIe siècle a été membre d'une confrérie maçonnique en

Angleterre. Il fut conseiller de la reine Elisabeth Iere.

Bien que certains Francs-maçons s'intéressent à l'astrologie, les fondements de la franc-maçonnerie et ceux qui concernent la discipline interprétant les emplacements et les mouvements planétaires, sont nettement distincts dans leurs principes de base ainsi que dans leur enseignement. La franc-maçonnerie n'encense pas directement l'astrologie ; cependant certains de ses rituels et symboles sont en lien avec des thèmes célestes et des concepts issus de l'astrologie. Ainsi, des représentations maçonniques incluent souvent le soleil, la lune ou les étoiles. La présence du Soleil est souvent associée à l'illumination et à la sagesse divine, tandis que celle de la Lune semble signifier le passage du temps et la connaissance acquise par l'expérience. On peut penser que la lumière que les Francs-Maçons cherchent dans leurs travaux est en partie issue de théories astrologiques même si celles-ci semblent totalement hermétiques pour certains compagnons, apprentis et même maîtres. Les dimensions symboliques qui émanent des signes zodiacaux ne semblent pas aller au-delà de la reconnaissance et de la Gloire du Grand Architecte de l'Univers ainsi que de sa tâche qu'il s'effectue sous la voûte étoilée. Pour tous, dans la tradition ésotérique, on considère que les signes zodiacaux tout comme les planètes sont une projection des facultés déjà présentes au sein de la nature humaine. Ainsi le ciel est considéré comme un immense miroir sacré.

Pour terminer, citons les propos de Margaret S. (son nom reste secret du fait de sa fonction au sein d'une loge) qui a consacré une grande partie de son temps à l'écriture théologique et philosophique, qui a été Franc-maçonne dans l'Ordre International de la Franc-maçonnerie du Droit Humain : *en fin de compte, la relation entre la franc-maçonnerie et les astrologues est en grande partie une relation d'intérêts individuels coexistant sans lien direct ou organisationnel.* Ce constat personnel pourrait sans doute donner lieu à un débat sans jugement hâtif.

24

ESOTERISME ET MEDECINE

Dane Rudhyar a révolutionné la pratique de l'astrologie dès les années 1930. Il a restructuré et reformulé les principes de base de l'astrologie traditionnelle en y intégrant divers courants de pensée moderne dont celui de Carl Gustav Jung. En effet, ce médecin psychiatre, psychothérapeute analytique, avait une grande estime pour les astrologues et leur pratique. *Si des gens dont l'instruction laisse à désirer ont cru jusqu'à ces derniers temps se moquer de l'astrologie, la considérant comme une pseudo-science liquidée depuis longtemps, cette astrologie, remontant des profondeurs de l'âme populaire se présente de nouveau aujourd'hui aux portes de nos universités qu'elle a quittées depuis trois siècles.* Cette phrase de Jung est extraite du mémoire du doctorat de philosophie de Jean-Pierre Nicola (fondateur de l'astrologie conditionaliste) dans lequel il évoquait les enrichissements que les relations entre psychologie et astrologie pouvaient s'apporter. Jung qui admettait qu'il n'avait pas une connaissance approfondie de l'astrologie disait à son propos : *elle correspond à des configurations symboliques de l'inconscient collectif, qui est le sujet principal de la psychologie : les planètes sont les dieux, symboles des pouvoirs de l'inconscient.* Pour Carl Jung, Père de la psychologie des profondeurs (il portait également de l'intérêt aux enseignements de l'alchimie et de l'astrologie), signaux et symboles sont intimement liés, les seconds procédant des premiers et la vérité de l'astrologie est à rechercher tout autant dans son symbolisme que dans les structures de la matière. Le zodiaque et les planètes ne sont pas des traits personnels mais plutôt des données impersonnelles et objectives.

La psychologie analytique de Jung vise un objectif : l'individuation et l'atteinte de son propre Soi : l'astrologie peut contribuer à découvrir la nature du Moi que nous connaissons mais également de celui que nous ne connaissons pas (on peut le nommer le Soi authentique). Avec l'aide du thème natal, on peut parvenir à une meilleure connaissance de soi ainsi qu'à une compréhension plus complète de notre nature. Jung pensait que des dispositions individuelles étaient déjà présentes de façon innée dans l'être humain, à sa naissance (à contrario de Freud). Dès lors, l'astrologie peut concourir à les révéler, à les explorer, à les exploiter.

C'est sur les traces de ce que la médecine (devenant scientifique au début du XIXe siècle) a laissé de côté que la psychanalyse a émergé, sur ce qui, jusque là, était au cœur de la relation médecin-malade. Il existe bien un lien entre médecine et psychanalyse même si cette dernière doit rompre, pour exister, avec l'ensemble des connaissances scientifiques mises en œuvre pour guérir ; *elle s'est servie de cette relation pour en venir à d'autres fins que le simple accomplissement de l'acte médical* précise Alain Vanier, psychiatre et psychanalyste.

Freud reste bien le père de la psychanalyse. Cette pratique thérapeutique repose sur le fait que nos actes ne sont pas arbitraires ; tout est porteur de sens, tout a une origine et l'exploration des couches profondes de l'inconscient peut permettre de mettre à jour des traumatismes et/ou des croyances qui constituent des limites mentales. La voie des rêves, les actes manqués sont alors autant d'indices que le psychanalyste mettra à profit pour approcher cet insaisissable inconscient. L'étude de la Lune, cette subtile Clef des Songes, n'offre-t-elle pas la possibilité de révéler le sens caché de nos rêves, de décoder les circonstances d'un moment vécu, notamment sur le plan symbolique ? Ainsi, cet astre (on le dénomme luminaire, il régit notre expérience intérieure) et tous les autres corps célestes matériels ou les points fictifs (telle la Lune noire) viennent participer à la description du portrait psychologique de l'être. Ainsi, l'astrologie et ses pratiques permettent de faire émerger, de mettre à jour les forces profondes qui habitent chaque individu ; de ce fait, la discipline ne peut faire l'impasse de l'étude de tous ces symboles, porteurs de sens, pour affiner la connaissance de soi.

Des liens existent donc entre psychanalyse et astrologie, entre la psyché humaine et les astres. L'astrologue émérite André Barbault a poursuivi les réflexions de Jung. Il eut le désir de bâtir sans relâche un pont entre les deux disciplines où astres et psyché humaine entrent en résonance. Il chercha de ce fait à tisser des liens avec les psychanalystes freudiens ; mais, contre toute attente, ce sont les analystes jungiens qui l'ont accueilli à bras ouverts.

Le célèbre médecin neurologue Jean Martin Charcot (père de l'hypnose médicale à la fin du XIXe siècle) dont Freud fut l'élève en 1885 (*Personne n'a jamais eu autant d'influence sur moi* écrit-il dans une lettre destinée à sa fiancée) a utilisé le magnétisme et d'autres techniques de soin expérimentales. L'inconscient qu'il faut atteindre devient le centre de la dynamique psychique. Durant cette époque où les scientifiques semblaient plus ouverts d'esprit que de nos jours, psychologie et neurologie se sont rapprochées de l'hypnose jusqu'àlors utilisée seulement par les spirites. Les raisons de ce rapprochement entre science et occultisme semblent multiples. A la fin du XIXe siècle, un renouveau spiritualiste a amené une multiplication de pratiques dites occultes. La création de la société théosophique par Helena Blavatski (la recherche anthroposophique permit d'approfondir le sentiment du sacré, une forme de dévotion intérieure envers la création naturelle ; il s'agit cependant d'une religiosité libre, inhérente à la nature humaine lorsqu'elle renforce l'humilité, l'amour et le respect) s'inscrit dans ce vaste mouvement à la fois spirituel et mystique. Allan Kardec qui codifia le spiritisme (doctrine liée à la philosophie spirite), lequel avait été conçu en 1847 à Hydesville aux Etats-Unis, définit quant à lui la *religion spirite* comme une *religion scientifique*. Le docteur Jean-Martin Charcot appartient à cette génération : il utilisera dans le secteur médical qui le concerne, des outils thérapeutiques en lien avec des croyances irrationnelles, des superstitions et la suggestion, comme par exemple l'hypnose et le magnétisme, assimilés la plupart du temps à des phénomènes surnaturels.

Ainsi, des pratiques d'aide, d'assistance à autrui - hors cadre scientifique - ont toujours été proposées en complément de celles qui émanent d'une pensée de l'homme bien cartésienne. L'être humain étant constitué d'un corps tangible n'en est pas moins doté d'un psychisme évolutif, immatériel, qui reste réceptif à de nombreux choix, tous différents les uns des autres, en matière de santé et donc de guérison, physique mais également psychique ; cette construction humaine a été finement établie, générée, dans un but, celui d'un accomplissement total de la personne ; mais préalablement, un palier doit être atteint, celui de la connaissance et de la découverte de Soi.

CONCLUSION

Pourquoi se connaître ? Comment se connaître ? Telles étaient les questions posées au début de l'ouvrage. Nous avons tenté d'y répondre tout au long de l'étude. Le focus a été mis sur un outil qui a fait ses preuves tout au long des millénaires, qui a été expérimenté de très nombreuses fois, sur plusieurs continents : le thème astrologique natal. Certes, comme tous les moyens qui permettent d'en savoir davantage sur la psychologie humaine, il est fatalement marqué du sceau de la subjectivité. Néanmoins, cet outil ne peut plus être considéré sans valeur, ni être mis au rebus venant dès lors affecter son existence et sa pertinence. Nous encourageons le lecteur à tester sa portée, à découvrir sa profondeur. Une nouvelle vie riche en matière d'accomplissement de soi peut émerger à la suite d'une consultation astrologique complète. Une nouvelle conscience peut voir le jour en matière de connaissance de soi, de découverte approfondie de ses propres potentialités. Les peurs, les angoisses, l'anxiété s'évaporent pour laisser place à une compréhension salvatrice de sa propre individualité, au sein de l'univers. Cette délivrance, qui reste à la base de toute existence souvent marquée par les dépendances et la non-confiance en soi, peut dès lors se réaliser. Une meilleure compréhension de qui nous sommes peut générer une acceptation, une foi (au sens non religieux du terme) au regard des différentes étapes que nous traversons. Il en est de même avec ce qui peut se traduire par une découverte du sens de sa propre vie, du sens singulier de sa présence sur terre, de sa mission d'âme au cœur d'un corps qui permet dès lors de l'accomplir (par le biais d'une conscience élargie).

Oser l'inconnu aurait pu être le titre de l'ouvrage ; avec comme premiers mots : faire l'expérience de l'astrologie afin de mieux se découvrir, afin de vivre réellement sa vie, de libérer toute sa puissance intérieure et de pouvoir apaiser ses craintes matérielles, spirituelles.

Oui, se connaître soi-même est le principe de toute sagesse, de tout chemin d'éveil. Cette connaissance de soi vient en réponse à la quête de l'âme qui cherche à se frayer un chemin parmi le vécu de toutes nos expériences de vie. Bien se connaître, oser se connaître, apprendre à se découvrir tout en optant pour l'introspection (au sein d'une démarche philosophique de sagesse) et/ou pour la prise en compte de l'outil astrologique, reste la démarche essentielle et principale à mener afin d'atteindre une forme de sérénité, de bien-être, de joie, de bonheur bien méritée.

Saint-Cyprien (66) Mars 2025

PETIT LEXIQUE
astrologique

- Ascendant : *cuspide ou pointe de la Maison I. L'ascendant est le point d'intersection du plan horizon (Est) avec le zodiaque*
- Aspect : *écart en longitude entre deux astres ou points sensibles du thème*
- Cardinal : *signe du zodiaque qui se trouve au début d'une saison (Bélier, Cancer, Balance, Capricorne)*
- Carré : *aspect majeur de 90°*
- Carte du ciel : *répartition des planètes sur un graphique correspondant au moment et au lieu de naissance*
- Conjonction : *aspect où les deux planètes sont conjointes (0°)*
- Cycle : *temps que met une planète pour exécuter sa révolutionnautour du zodiaque*
- Descendant : *cuspide de la Maison VII, opposée à l'ascendant*
- Domification : *division duodécimale de la sphère céleste qui se superpose aux signes du zodiaque*
- Dominante : *planète la plus importante du thème par son influence*
- Ecliptique : *cercle que décrit le soleil dans son mouvement apparent autour de la terre*

- Fond du ciel : *c'est le point d'intersection du plan méridien et du zodiaque. C'est la Maison IV*
- Géocentrique : *système astronomique qui a la terre pour centre de l'univers*
- Horoscope : *établissement de la carte du ciel de naissance et son interprétation*
- Karmique : *astrologie qui s'inspire des vies antérieures des êtres*
- Lune noire : *c'est le deuxième foyer de la lune dans son orbite elliptique autour de la terre, celle-ci étant le premier foyer.*
- Milieu du ciel : *point d'intersection du plan méridien et du zodiaque. C'est la cuspide de la Maison X*
- Mutable : *ce sont les signes qui s'adaptent facilement aux circonstances : Gémeaux, Vierge, Sagittaie, Poissons*
- Nouvelle Lune : *phase lunaire durant laquelle la lune se trouve entre la terre et le soleil. A ce moment précis, lune et soleil sont en conjonction*
- Noeuds : *le plan de l'orbite des planètes est légèrement incliné par rapport au plan de l'écliptique. Les deux plans forment deux points d'intersection appelés Noeuds (Noeud Nord et Noeud Sud)*
- Opposition : *aspect majeur de 180°*
- Pleine Lune : *phase lunaire durant laquelle la face visible de la lune apparaît totalement illuminée par le soleil. Durant ce moment, lune et soleil sont opposés*
- Quadrant : *groupes de Maisons I, II et III ou*

Terre, de Maisons IV, V et IV ou Eau, de Maisons VII, VIII et IX ou Air, de Maisons X, XI et XII ou Feu
- Révolution solaire : *technique astrologique pour évaluer les opportunités ou défis au cours d'une année (de la date anniversaire à la suivante)*
Sextile : *aspect majeur harmonique de 60°*
- Transit : *passage d'une planète sur un point sensible du thème (soit par conjonction soit par par aspect) qui permet une étude prévisionnelle*
- Trigone : *aspect majeur harmonique de 120° entre deux planètes*
- Zénith : *intersection de la verticale du lieu de naissance avec la sphère céleste*

BIBLIOGRAPHIE

Attali Jacques. *Devenir soi*. Ed. Hachette. 2015

Brunet E. *Maçonnerie et astrologie.* Ed. Dervy 1979

Edelman Nicole, *La sinueuse histoire de l'astrologie.* 4 Podcasts. Radio France. 2022

Damasio Antonio. *Le sentiment même de soi.* Ed. Odile Jacob. 1999

De Caumon-Paoli Danièle, *ABC de l'astrologie.* Ed. J. Grancher, 1991

De Mailly Nesle Solange, *De la psychanalyse à l'astrologie.* Ed. Le Seuil. 1961

Devillairs Laurence, *Guérir la vie par la philosophie.* Ed. PUF. 2017

Drouot Patrick, Des vies antérieures aux vies futures. Ed. Le Rocher. 1989

Esquerre Arnaud. Prédire : l'astrologie au XXIe siècle. Ed. Fayard. 2013

Frankl Viktor, Découvrir un sens à sa vie. Ed. J'ai lu. 2013

Prophet L. Mark, Clare Prophet Elizabeth, *La connaissance de soi.* Ed. Lumière d'El Morya

Mora Janine. Les 144 chemins de vie. Ed. F. Lanore. 2000

Morin Edgar, *Réhabiliter et ré-armer l'introspection* Revue de Psychologie de la motivation. Cercle d'études Paul Diel, 1990

Morin Edgar, *Amour, poésie et sagesse.* Ed. Le Seuil, 1997

Labelle Florence, *A la découverte de soi*, Ed. Le dauphin blanc.

Lukas E. *L'astrologie en 20 leçons. Guide pratique*. Ed. De Vecchi. 2004.

Netter Jean-Luc, *Oser la sagesse*. Ed. BoD. 2024

Peyrebrune Olivier. *La cause philosophique de l'astrologie*. 2009

Zarka Philippe. *L'astrologie est-elle une imposture ?* Edition Biblis

TABLE DES MATIERES

Avant-propos...9

L'accès au bonheur..13
De la souffrance à la réalisation de soi................19
Comment parveni au but ?......................................25
La connaissance de soi..31
La conscience de soi...39
Pourquoi se connaître ?...45
L'instrospection..53
Deux disciplines distinctes......................................61
La philosophie..67
Philosophie et développement personnel............73
Philosophie et ésotérisme..77
La croix occitane..87
L'astrologie, approche philosophique..................91
Origine de l'astrologie..103
L'astrologiede nos jours...109
Différents courants astrologiques........................119
Le thème natal..125
Vers sa destinée...135
Différents types d'exploration.............................143
Astrologie et religion..151
Astrologie et Politiques..157
Astrologie et littérature..163
Les Francs-Maçons..169

Esotérisme et médecine.................................. 175

Conclusion.. 183

Petit lexique astrologique................................ 187
Bibliographie... 191

© jean-luc Netter, 2025
Édition : BoD · Books on Demand, 31 avenue Saint-Rémy, 57600 Forbach, bod@bod.fr
Impression : Libri Plureos GmbH, Friedensallee 273, 22763 Hamburg (Allemagne)
ISBN : 978-2-3225-7301-1
Dépôt légal : Mars 2025